欧盟区域内服务市场
一体化研究

杨立国　刘宇娜/著

经济科学出版社

图书在版编目（CIP）数据

欧盟区域内服务市场一体化研究／杨立国，刘宇娜著．
—北京：经济科学出版社，2015.12
ISBN 978 - 7 - 5141 - 6442 - 8

Ⅰ.①欧⋯ Ⅱ.①杨⋯②刘⋯ Ⅲ.①欧洲国家联盟 -
服务市场 - 研究 Ⅳ.①F735

中国版本图书馆 CIP 数据核字（2015）第 315747 号

责任编辑：杜　鹏
责任校对：杨晓莹
版式设计：齐　杰
责任印制：邱　天

欧盟区域内服务市场一体化研究
杨立国　刘宇娜／著
经济科学出版社出版、发行　新华书店经销
社址：北京市海淀区阜成路甲 28 号　邮编：100142
总编部电话：010 - 88191217　发行部电话：010 - 88191522
网址：www. esp. com. cn
电子邮件：esp@ esp. com. cn
天猫网店：经济科学出版社旗舰店
网址：http://jjkxcbs. tmall. com
北京万友印刷有限公司印装
880×1230　32 开　7 印张　200000 字
2015 年 12 月第 1 版　2015 年 12 月第 1 次印刷
ISBN 978 - 7 - 5141 - 6442 - 8　定价：32.00 元
（图书出现印装问题，本社负责调换。电话：010 - 88191502）
（版权所有　侵权必究　举报电话：010 - 88191586
电子邮箱：dbts@ esp. com. cn）

前　　言

第二次世界大战结束之后，法国、意大利、联邦德国、荷兰、比利时、卢森堡六国经过谈判建立了欧洲煤钢共同体，开始了区域经济一体化合作之路。经过 60 多年的发展，欧盟已经发展成为包括 28 个成员，人口超过 5 亿、经济总量世界第一的世界上最大的国家联合体。欧盟模式的成功引起了全球的关注，20 世纪 90 年代以来形式各异的区域经济一体化组织以更快的速度在世界各地出现。区域经济一体化组织几乎覆盖所有的国家和地区。区域经济合作已经成为世界各国非常重要的实现经济发展的路径。

20 世纪 80 年代以来，欧盟开始启动服务市场一体化进程，制定了大量的政策措施用于推进服务市场的一体化。大部分政策发挥了积极的作用，欧盟服务市场一体化程度不断加深，服务经济发展水平日益提高。欧盟在推动区域服务市场一体化方面积累了大量的经验。

中国是世界上最大的发展中国家，开展区域经济合作是实现经济发展的重要途径。目前，中国与其他国家的区域经济合作的水平相对较低，主要集中于货物贸易领域。如何拓展服务领域的区域合作，释放服务经济促进经济增长和扩大就业的潜力，是中国亟待解决的课题。因此，本书对欧盟区域内服务市场一体化进行了研究，希望可以为中国拓展服务领域的合作提供参考和借鉴。

本书首先对区域经济一体化的有关理论进行梳理；其次，以欧盟推进服务市场一体化的政策为视角，对欧盟区域内服务市场一体化的进程进行分析；再次，对欧盟区域内服务市场的一体化水平进行定性分析，并以欧盟金融服务市场为例，对欧盟区域内服务市场一体化水平进行定量分析；最后，以经济一体化的理论为依据，对欧盟区域内服务市场一体化的经验和效应进行剖析与总结。

经过两年的精心准备和艰苦写作，书稿终于完成。本书不能称之完美，但有以下三个鲜明的特色。

（1）逻辑框架清晰。本书沿着一条清晰的逻辑主线展开，从欧盟推进服务市场一体化的必要性到欧盟推进服务市场一体化的过程分析，再到服务市场一体化水平和效果的评价，层次非常鲜明。

（2）研究内容较新。本书的大部分文献资料和数据分析都是基于最新的发展动态，可以为读者呈现最新的信息。

（3）研究视角新颖。国内的文献或者研究欧盟整体贸易的一体化，或者研究欧盟货物贸易的一体化，本书不仅将欧盟服务贸易一体化作为研究对象，而且立足于内部进行研究，研究视角较为新颖。

本书适合于国际经济贸易专业研究生阶段学生使用，也可以作为其他相关专业学生和人员的参考书。相信，阅读本书的人一定也是正在或即将从事与服务贸易政策研究有关工作的人。

作者

2015 年 10 月于长春

目　　录

第 1 章

导　　论

1.1　研究的背景和意义

1.1.1　研究背景

1950 年 5 月 9 日，时任法国外交部长罗伯特·舒曼（Robert Schuman）发表了一项宣言，在这份宣言中舒曼推出了由他和让·莫奈①（Jean Monnet）共同完成的一项计划，提议将欧洲的钢铁和煤炭产业联合在一起组建欧洲煤钢共同体，这就是著名的"舒曼计划"。经过谈判，荷兰、比利时、卢森堡、法国、联邦德国、意大利六国于 1951 年 4 月 18 日在法国巴黎签署了《欧洲煤钢共同体条约》（也被称作《巴黎条约》），条约于 1952 年 7 月 23 日生效，欧洲煤钢共同体正式成立，"舒曼计划"终成现实。

---

① 让·莫奈，法国夏朗德省科涅克市人，是一个出身白兰地酒商家庭的大外交家。第二次世界大战后欧洲统一运动的"总设计师"，享有"欧洲之父"的美誉。

欧洲煤钢共同体开启了国家之间谋求联合实现经济发展的新模式①。欧盟经过了60多年的发展，其经济影响力和政治影响力大幅提升，成为世界公认的区域经济一体化合作的成功范例。为了谋求发展，世界各国纷纷效仿欧盟，成立各种各样的区域经济一体化合作组织。特别是20世纪90年代以来，形式各异的区域经济一体化组织更是以惊人的速度在世界各地涌现。区域经济一体化组织几乎覆盖所有的国家和地区。世界银行的一项统计表明，全球仅有12个岛国和公国没有参加任何形式的区域贸易协议。174个国家和地区至少参加了一个区域贸易协议，最多的参加了29个区域贸易协议。平均来看，每个国家参加了5个区域贸易协议。由此可见，参与区域经济合作已经成为世界各国非常重要的实现经济发展的措施。

此外，欧盟从20世纪80年代开始重新审视服务经济对经济增长和就业的重要意义，并于1985年出台了《完成内部市场白皮书》，开启了促进服务市场一体化的进程。自此之后，欧盟出台了大量的政策促进服务市场的一体化，其中最具影响力的当属2006年出台的《服务指令》。《服务指令》的目标是通过消除欧盟区域内服务贸易的法律和行政管理壁垒，完成服务统一市场的构建。《服务指令》实施以来，欧盟区域内服务市场一体化取得了明显的进展，服务经济自身的增长潜力以及对欧盟经济和就业的贡献明显提升。欧盟再一次成为区域服务经济合作的领跑者，为世界范围内区域经济一体化合作中服务领域的合作树立了榜样。

基于以上背景，本书选择欧盟区域内服务市场一体化作为研究对象，研究了欧盟区域内服务市场一体化的过程及其影响等内容，这不仅可以在一定程度上为中国在区域经济合作中开展服务领域的

---

① 最早的区域经济一体化雏形可以追溯到1921年成立的比利时和卢森堡经济同盟（荷兰于1948年加入，组成比荷卢同盟），但区域经济一体化的真正形成和发展却始于欧洲煤钢共同体。

合作提供理论依据，而且可以为中国如何拓展区域服务领域的合作提供可借鉴的经验。

1.1.2　研究的意义

1.1.2.1　现实意义

第一，通过对欧盟区域内服务市场一体化过程的研究，可以为中国如何开展服务领域的一体化合作提供可借鉴的经验。

第二，通过对欧盟消除区域内服务贸易的法律和行政管理壁垒的过程的研究，可以为中国制定政策消除中国内部区域之间服务贸易的障碍、释放服务经济的潜能提供可借鉴的经验。

第三，通过对欧盟区域内服务市场一体化效应的总结和分析，可以为中国在参与区域经济一体化合作时拓展服务领域的合作提供理论依据。

第四，通过对欧盟推进金融服务一体化政策的研究，可以为中国在降低企业融资成本、保持金融系统的稳定及提升金融系统效率等方面提供经验。

第五，通过对欧盟推进交通运输市场一体化政策的研究，可以为中国在如何提升流动性、交通系统安全以及如何提升交通运输系统的环保水平提供可借鉴的经验。

1.1.2.2　理论意义

第一，本书以欧盟推进服务市场一体化的政策为视角，对欧盟区域内服务市场一体化的过程进行了梳理，并分析了服务市场一体化政策演进的内在动因，这不仅在一定程度上丰富了区域经济一体化理论的内容，而且也在一定程度上丰富了服务政策理论的内容。

第二，本书对欧盟区域内金融市场一体化的水平和趋势进行了定量分析。在定量分析中，首先，从价格和数量两个角度为金融服务一体化水平的测量确定了评价指标体系；其次，通过这些指标从不同的角度对欧盟金融服务市场一体化的水平和变化趋势进行了分析。这不仅丰富了一体化水平测量的内容，而且可以为后续通过建模进行一体化效应的相关研究，在变量的选取方面提供一定的理论依据。

第三，本书以波兰为例，分析了欧盟区域内服务市场一体化对服务业区域定位选择的影响。分析结论在一定程度上可以丰富边界效应理论的内容。

1.2 国内外研究现状

1.2.1 国外的研究现状

1.2.1.1 服务贸易壁垒的量化研究

服务是世界经济中最大的部门，占据经济增加值的70%、就业的50%以上。服务贸易在世界贸易中的份额自20世纪80年代以来也有了大幅度的提升，由原来的不到1/7到现在已经超过了1/5。随着服务业和服务贸易在世界经济、贸易中地位的提升，经济学家开始关注这一领域。

服务贸易领域的一个普遍关心的问题是服务贸易的自由化究竟能够为实施贸易自由化的国家带来多大的利益。为了回答这一问题，首先需要对阻碍服务贸易自由化发展的壁垒进行量化，其次分析壁垒消除后能够带来多大的利益。服务贸易壁垒的量化是关键。通过对相关文献进行梳理发现，针对服务贸易壁垒量化研究的文献可以分为以下三类。

第一类学者的研究以库存法（Inventory Approaches）为基础。

这类研究中最具影响的为 Hoekman（1996）的研究①。Hoekman 以频率指数（Frequency Index）为基础，为每个国家对每个服务部门（按供应模式）施加的贸易限制水平分配数值②。每个国家在《服务贸易总协定》中的承诺表作为该国家施加服务贸易壁垒的信息来源。一个主观的关税等值被赋予实施最具保护性的政策的国家，作为基准，其他国家的关税等值根据其相对于基准的承诺水平进行计算。Stern（2000）指出，Hoekman 指数是相对指数，并不是真正的指数，因此，可以用作关税等值③。Mattoo（2001）为电信服务和金融服务制定了开放指数用于分析服务贸易自由化对经济增长的影响。电信服务的开放指数以市场机构、FDI、独立监管存在为基础；金融开放指数包括市场结构、资本控制、外国股权的水平三个方面的信息。从金融开放指数的排序来看，金融市场开放程度较高的国家均为发达国家。电信服务开放指数显示，一些发展中国家（如萨尔瓦多和加纳等）开放度较高④。Chen 和 Schembri（2002）对贸易开放指数和 Hoekman 方法的数据的可信度和可获得性问题进行了探讨⑤。Gootiiz 和 Mattoo（2009）为 32 个发展中国家和转型国家、24 个 OECD 国家的服务部门编辑了实际的政策限制清单。在他们的研

① Hoekman, B. "Assessing the General Agreement on Trade in Services", in W. Martin and L. A. Winters（eds.）, The Uruguay Round and the Developing Countries［M］. Cambridge：Cambridge University Press, 1996：88 - 124.

② 当一个服务部门或供应模式没有限制时，赋值为 1；如果没有政策赋值为 0；当一个服务部门或供应模式有任何的限制时赋值为 0.5。

③ Stern, R. M. Quantifying Barriers to Trade in Services. Working Papers 470, Research Seminar in International Economics, University of Michigan, 2000.

④ Mattoo, A., Rathindran, R., and Subramanian, A. Measuring services trade liberalizationand its impact on economic growth：an illustration. Policy Research Working Paper Series 2655, The World Bank, 2001.

⑤ Chen, Z. and Schembri, L. Measuring the Barriers to Trade in Services：Literature and Methodologies. Trade policy research, Minister of Public Works and Government Services Canada, 2002.

究中，政策限制的保护程度以与多哈回合的出价和乌拉圭回合的承诺的比较为基础，计算了国家和部门两个层面、三个层次的限制水平①。

第二类学者对服务贸易壁垒的研究主要以一个两阶段的方法为基础。在第一个阶段，对进口方在《服务贸易总协定》中所做的承诺进行定性评估，或者对向进口方（按照目标市场）施加的壁垒进行定性的评估。在第二个阶段，用第一阶段的信息对服务部门利润的国际差异进行解释。澳大利亚生产力委员会（The Australian Productivity Commission）是使用贸易限制指数（Trade Restrictiveness Indices）对关税等值进行评估的先驱②（Dee，2005）。Dihel 和 Shepherd（2007）以加权方法为基础，采用与澳大利亚生产力委员会同样的方法对服务贸易壁垒进行了评估。他们的研究发现，非 OECD 国家贸易限制指数比 OECD 国家的指数大③。Fontagné 和 Mitaritonna（2009）将这种方法的应用进行拓展，将其应用到新兴国家的分销和电信部门④。Kox 和 Nordas（2007）研究了国内监管如何对以商业存在模式提供的服务的影响⑤。

第三类学者的研究以重力模型为基础，对服务壁垒的保护水平进行评估。从 Tinbergen（1962）的研究开始，重力方程被广泛地应用于国际贸易的经验研究。相对于重力模型在货物贸易领域的应用，重力模型在服务贸易领域的应用十分有限。Francois 是最早将

---

① Gootiiz, B. and Mattoo, A. Services in Doha. What's on the table? World bank Policy Research Paper, 4903, 2009.

② Dee, P. A compendium of barriers to trade in services［R］. Australian National University, 2005.

③ Dihel, N. and Shepherd, B. Modal Estimates of Services Barriers. OECD Trade Policy Working Papers 51, OECD Trade Directorate, 2007.

④ Fontagné, L. and Mitaritonna, C. Assessing Barriers to Trade in the Distribution and Telecom Sectors in Emerging Countries［R］. CEPII research center, 2009.

⑤ Kox, H. L. and Nordas, H. K. Services trade and domestic regulation. MPRA Paper 2116, University Library of Munich, Germany, 2007.

重力模型应用于服务贸易领域的学者（Francois，1993）。自 2000年以来，随着服务贸易数据质量的提升，用重力模型对服务贸易的研究开始增多（Mirza 和 Nicoletti，2004；Kimura 和 Lee，2006；Francois 等，2009）。

Francois 等（2005）以来自全球贸易分析模型（GTAP）数据估计的特定部门重力方程为基础，对贸易壁垒进行评估，研究结论显示，标准规范对服务贸易也同样十分重要①。Kimura 和 Lee（2006）的研究证明，国内生产总值、距离、远离、接近、区域贸易协定、经济自由指数、共同的语言是双边服务贸易的决定因素②。

1.2.1.2　经济一体化的空间影响研究

新经济理论学源自国际贸易理论，主要对地理空间的产业集聚现象进行解释（Fujita and Krugman，2004）。对于推动经济活动在一个区域集聚或集中的自我强化的向心力的解释，新经济地理主要提供了四个基本因素：规模报酬递增、垄断竞争、运输成本、外部经济。新经济地理的研究主要围绕上述这四个因素对经济活动的地理不均现象进行解释。

（1）当对经济活动的空间分布不均现象进行解释时，规模报酬递增被认为是最基本的要素。规模报酬递增的重要性在于其可以刺激经济活动向一个地理空间集聚③。新经济地理模型考虑规模报酬递增，制造企业将在规模报酬递增的刺激下向某一地理空间集聚以获得规模经济的利益。换句话说，规模报酬递增对企业来讲构成了明显的诱因，使企业将生产活动向一个地理空间集中而不是将生产

---

①　Francois, J. van Meijl, H., and van Tongeren, F. Trade liberalization in the Doha Development Round [J]. Economic Policy, 2005, 20 (42)：349 –391.

②　Kimura, F. and Lee, H. – H. The Gravity Equation in International Trade in Services [J]. Review of World Economics, 2006, 142 (1)：92 –121.

③　Scotchmer S. and Thisse J. Space and competition：A puzzle [J]. The Annals of Regional Science, 1992, 26：269 –286.

活动在几个生产地点分散，以获得企业规模扩大而带来的成本优势。从这点来看，规模报酬递增构成了对生产活动在空间分布不均衡进行解释的核心要素。但是，仅仅通过规模报酬递增并不能完全解释生产活动向一个地理空间集中的现象，集聚效应是规模报酬递增和其他因素共同作用的结果。

（2）Chamberlin（1933）、Spence（1976）、Lancaster（1979）、Dixit 和 Stiglitz（1977）的研究将垄断竞争融入新经济地理模型之中，并使其成为在正式模型中规模经济存在的决定性要素。实际上，模型中包括规模经济本身就意味着企业之间的竞争是不完全竞争，因为，在考虑规模经济的模型中，企业可以在扩大生产的同时减少生产的单位成本①（Samuelson and Nordhaus，2001）。与不完全竞争市场相比，完全竞争的市场假定规模报酬递增是不存在的，因为每额外生产一个单位的产品的边际成本会使利润下降。此外，规模报酬递增允许企业打造大型工厂，大型工厂将比小工厂更有效率，原因在于，当企业决定将生产活动集中于一个单独的地点时会取得规模经济的利益，使其与空间分散的企业相比具有优势。不完全竞争的市场条件与完全竞争的市场条件全然不同，完全竞争市场假定的规模报酬不变或规模报酬递减会消除企业自身获得规模报酬递增的可能性。在完全竞争的市场框架下企业不会关心生产地点的决策，因为它们不能够通过生产集中而获得规模报酬递增的利益。因此，企业会选择在所有消费者集中的地区进行生产，并将这种分散生产的模式作为最佳的选择。

从以上的论述可以看出，考虑规模经济的利益以及对生产的区位空间模式进行解释时，将不完全竞争融入分析中显得尤为必要。一般来讲，垄断竞争企业生产的产品具有水平差异性，产品之间的替代弹性是不变的，消费者只购买每一种差异产品的一小部分。因

---

① Samuelson P. and Nordhaus W. Economia. XVII Edition, original title: Economics [M]. McGraw-Hill, 2001.

此，在规模报酬递增的情况下，企业会选择生产一种差异化产品并决定其价格。每一个企业都想在其生产的特定产品市场中实现垄断经营。但是，由于每一种产品的市场规模均受到差异化替代产品的限制，每一个企业对价格的垄断力将十分有限。

总之，垄断竞争市场包括大量的生产者，存在大量进出市场的壁垒，垄断竞争环境既不同于完全竞争市场也有别于垄断市场①。将垄断竞争融入新经济地理模型有着非常重要的意义，可以在处理规模报酬递增的同时观察市场和需求的结构。这种做法提供了一种理论框架，可以用其对经济集聚的空间布局进行研究。

（3）传统的贸易理论假定运输成本为零，新经济地理模型与之不同，将运输成本融入模型中，并将其视为影响区位决策的重要因素。Samuelson（1952）提出了"冰山运输成本（Iceberg Transport Costs）"的概念，认为产品价值只有部分会由起点运输到终点，其余的部分构成了对运输费用的支付②。新经济地理模型采纳了某种形式的"冰山运输成本"，并认为运输成本对企业位置决策的影响程度取决于运输成本的高低。企业会在将生产活动集中一个地区、对其他地区的供给采取出口的形式或者甘愿承担固定的成本在不同的地点建立企业之间做出选择。运输成本的水平和规模报酬递增的程度之间的关系构成了企业在位置决策中选择集聚或分散的关键力量。

（4）Krugman（1991a）将外部经济（External Economies）融入新经济地理模型之中，并用其对单个企业高水平的区域化和制造业的高水平区域化进行解释③。

---

① Combes P. , Mayer T. and Thisse J. Economic Geography ［M］. New Jersey, Princeton University Press, 2008.

② Samuelson P. Spatial price equilibrium and linear programming ［J］. American Economic Review, 1952, 42: 283 – 303.

③ Krugman P. Increasing returns and economic geography ［J］. Journal of Political Economy, 1991a: 99: 483 – 499.

首先，集聚在一个单一地点的企业可以利用具有较高的特定产业技能劳动力汇集的好处。对于工人来讲，与分散的企业相比，集群企业可以使其降低失业的风险。但市场集中的利益只有在激励企业向一个地点集中的规模报酬递增效应呈现的情况下才能实现①。

其次，当企业将生产活动向一个地区集中时，可以利用专业化的中间产品和投入要素供给的好处。通过创造制成品生产者和中间产品供应商之间的前向连锁和后向连锁关系，产业可以实现自我强化的集聚效应②。也就是说，企业为了获得规模经济利益而向一个区域集中可以诱使中间产品的供应商向同一区域集中。当中间产品供应商向区域集中时会使集聚在该区域的制成品的生产商获得中间产品成本下降的好处，这会吸引更多的制成品生产企业向该地区集聚，从而引发自我强化的产业集聚效应。显然，这种外部经济效率的获得依赖于制成品和中间产品生产的规模报酬递增效应。

最后，集群企业可以获得技术溢出效应带来的益处，产业作为一个整体同样可以获得技术溢出的利益。因此，企业会选择向一个地区集中以获得产生于其他企业活动（如研发活动）的外部知识利益。尽管新经济地理模型用技术外溢解释企业的定位模式，但新经济地理模型并没有过多地专注于技术外溢，原因在于处理上存在困难。新经济地理的研究学者更喜欢处理经济外部性，因为它们更容易被模型化。从这点来看，劳动市场外部性与企业的前向连锁和后向连锁可以被具体地解释，而技术外溢效应则被认为具有不确定性和非可见性（Krugman，1991a、1991b）。从以上论述可知，新经济地理中外部经济理论的核心观点认为企业在规模经济利益驱使下会将生产活动向某一区域集中以降低成本，在此之后外部经济效应才

---

① Krugman P. Geography and Trade ［M］. Published jointly by Leuven University Press and the MIT Press, 1991b.

② Krugman P. and Venables A. Globalization and the inequality of nations ［J］. The Quarterly Journal of Economics, 1995, 110: 857 – 880.

会呈现。

1.2.1.3 欧盟经济一体化的空间效应研究

很多学者以欧盟为例，以新经济地理有关的概念为基础，对欧盟一体化深化发展的空间效应进行了研究。这些学者的研究发现，欧盟一体化的深化发展对欧盟经济活动的空间分布产生了影响（Midelfart-Knarvik et al.，2000；Forslid et al.，2002a、2002b；Midelfart-Knarvik and Overman，2002；Marques，2005）。当一体化程度加深时，集聚力量驱使欧盟的产业向更少的区域集中。此外，资本密集型和技术密集型的活动向欧盟的中心集中，非熟练劳动密集型的产业向欧盟的外围区域集聚，部门之间的差异增加。

Brülhart et al.（2004）以及 Crozet 和 Koenig（2004）研究了欧盟一体化的市场准入效应对经济活动定位的影响。他们的研究表明，欧盟接近新成员的边界区域能够吸引更多的产业从而受益，原因在于这些边界区域具有市场准入和进口价格便宜的优势[1]。此外，学者们的研究还发现，欧洲一体化程度的加深会引发集聚过程，从而导致区域之间的工资差异[2]。

另有学者研究了欧盟东扩之后一体化对中东欧国家的空间影响。Petrakos 和 Economou（2002）的研究指出，随着中东欧国家经济国际化进程的加快以及欧盟单一市场一体化的深化发展，导致在中东欧国家的大都市区域和与欧盟老成员国接近的边界区域出现了

---

[1] Brülhart M.，Crozet M. and Koenig P. Enlargement and the EU periphery: The impact of changing market potential [J]. The World Economy, 2004, 27: 853 – 875.

Crozet M. and Koenig P. EU enlargement and the internal geography of countries [J]. Journal of Comparative Economics 2004, 32: 265 – 279.

[2] Marques H. Trade and factor flows in a diverse EU: What lessons for the Eastern enlargement (s)? [J]. Journal of Economic Surveys, 2008, 22, 364 – 408.

经济活动的超比例集聚现象①。因此，一般认为中东欧国家经济的差异化发展与欧盟东扩引发的一体化过程有关。这一观点得到了一系列经验数据的支持。Traistaru 等（2003）的研究发现，中东欧国家与欧盟的一体化进程引发了中东欧国家产业的重新定位，这一过程使首都区域和与欧盟接近的边界区域受益，原因在于两个区域便利的市场准入条件。首都区域和边界区域成为获胜区域，经济前景被看好；其他的地区则被视为失败区域，经济会呈现停滞不前甚至下降的趋势②。Damijan 和 Kostevc（2011）的研究更进一步指出，经济一体化和区域差异之间存在"U"形关系③。也就是说，一体化初期的贸易自由化将使由于集聚而引发的不均衡程度加深。在这一阶段，由于中东欧国家的发达区域具有较强的吸引产业集聚的能力，所以发达区域相比于欠发达区域更能从经济一体化中获益。其结果是发达区域相对于其他区域来讲工资水平较高，经济两级分化出现。在第二个阶段，Damijan 和 Kostevc 认为，绝大多数中东欧国家随着接近欧盟老成员国的边界区域直接投资流入的不断增加，会出现区域工资的快速调整过程，从而使经济发展趋同。学者们在区域经济一体化的框架内对中东欧国家的区域发展和趋同—差异化模式进行了更深入的探讨。Monastiriotis（2011）指出，区域发展和趋同—差异化之间的动态发展关系相当复杂，区域发展不是一个简单的线性发展过程，新古典趋同、要素积累引发的差异化和非单调趋

---

① Petrakos G. and Economou D., 2002. The spatial aspects of development in Southeastern Europe [J]. Spatium, 2002, 8：1－13.

② Traistaru I., Nijkamp P. and Resmini L., (eds). The emerging economic geography in EU accession countries [M]. Aldershot：Ashgate Publishing Limited, 2003.

③ Damijan J. and Kostevc C. Trade liberalisation and economic geography in CEE countries：The role of FDI in the adjustment pattern of regional wages [J]. Post-Communist Economies 2011, 23：163－189.

同是同时并存的①。总体而言，经济发展的差异化模式成为中东欧国家一体化效应分析的主流。

此外，有学者从区域专门化的角度对中东欧国家与欧盟经济一体化的效应进行了研究。这些学者的研究视角为欧盟经济一体化引发的中东欧国家产业重组的研究增加了研究维度。Traistaru 等（2003）指出，在一些中东欧国家区域专门化提高的同时，其他国家的区域专门化程度却在下降。在一些国家当中，产业定位在不断发生着区域之间的变化，有些地区出现了产业集中化和专门化，而其他的区域则出现了差异化。Kancs（2007）研究了一体化对中东欧国家产业结构的影响，研究结果显示，中东欧国家平均的专门化程度处于下降的趋势②。在计划经济体制下，地区的专门化往往并不与当地的比较优势有关，中东欧国家深受计划经济体制影响，在加入欧盟之后这种影响一时之间难以完全消除，因此，一体化对中东欧国家专门化的影响是不明确的。中东欧国家这种扭曲的专门化模式正经历着重新调整的过程，在加入欧盟之后中东欧国家区域正经历着重新专门化的调整过程。这种重新调整的过程不仅表现为一些区域的专门化程度在提升而另外的区域则经历着专门化程度下降，同样也表现为平均的产业专门化程度的下降。

1.2.2　国内的研究现状

与国外相比，我国对一体化的研究起步较晚，数量相对较少，通过对现有文献的梳理，我国学者的相关研究主要可以分为以下三类。

---

① Monastiriotis V. Regional growth dynamics in Central and Eastern Europe. LSE 'Europe in Question' Discussion Paper No. 33, 2011.

② Kancs D. Does economic integration affect the structure of industries? Empirical evidence from the CEE. LICOS Discussion Paper No. 195, 2007.

1. 对发展中国家区域经济一体化的研究。卢光盛（2006）对东盟一体化的绩效进行了评估，得出了受主权让渡限制、区内市场小、对外部市场依赖的影响，东盟一体化效果不明显的结论①。邵秀燕（2009）对东盟的投资效应进行了研究，认为东盟一体化对FDI流入起到了积极的作用②。通过对非洲一体化的效应研究发现，不仅没有产生明显的经济增长效应③，而且贸易创造和贸易转移效应也不明显④。除此之外，全毅、高军行（2009）以区域经济一体化理论为基础，对东亚区域经济一体化的贸易和投资效应进行了研究⑤。行伟波、李善同（2009）用边界效应模型对中国省际产品贸易的本地偏好进行了实证研究，研究结果显示中国省际产品贸易存在非常明显的本地偏好⑥。

2. 对北美自由贸易区经济一体化的研究。张彬、朱润东（2009）将同质分析模型应用到不同质国家——美国和墨西哥的分析中，研究结果显示，北美自由贸易区对墨西哥经济增长效应大于美国的效应⑦。朱润东、张彬（2009）研究了北美自由贸易区的贸易增长效应，研究结果显示，北美自由贸易协定的效应使美国进口

① 卢光盛. 东盟经济一体化的绩效评估 [J]. 世界经济研究，2006，10：24–30.

② 邵秀燕. 区域经济一体化进程中东盟投资效应分析 [J]. 世界经济与政治论坛，2009，05：43–50.

③ 杨勇，张彬. 南南型区域经济一体化的增长效应——来自非洲的证据及对中国的启示 [J]. 国际贸易问题，2011，11：95–105.

④ 申皓，杨勇. 浅析非洲经济一体化的贸易创造与贸易转移效应 [J]. 国际贸易问题，2008，04：49–54.

⑤ 全毅，高军行. 东亚经济一体化的贸易与投资效应 [J]. 国际贸易问题，2009，06：64–70.

⑥ 行伟波，李善同. 本地偏好、边界效应与市场一体化——基于中国地区间增值税流动数据的实证研究 [J]. 经济学（季刊），2009，4：1455–1474.

⑦ 张彬，朱润东. 经济一体化对不同质国家的经济增长效应分析——对美国与墨西哥的比较研究 [J]. 世界经济研究，2009，4：69–74+89.

贸易增长、福利稳定增长，对墨西哥贸易却产生了负效应①。舒曼（2011）研究了北美自由贸易协定对美国工业制成品的贸易效应，得出结论：为美国带来贸易创造的同时并没有发生明显的贸易转移②。

3. 对欧盟区域经济一体化的研究。我国学者对欧盟区域经济一体化有关问题的研究文献相对较多。朱晓军等（2008）分 25 国内部边界、国际边界以及 15 国边界三个层次研究了欧盟商品市场一体化的边界效应③。张娟（2008）研究了商品市场一体化的影响因素，研究结果显示，非关税壁垒是重要的边界障碍，25 国的平均水平高于 15 国的平均水平④。除了商品市场一体化的研究之外，我国学者还研究了服务市场一体化的有关问题，主要立足于金融市场进行研究。刘轶（2006）研究了欧盟金融服务市场一体化中的相互认可原则，指出相互承认原则在促进欧盟金融服务自由化方面是远远不够的⑤。王志军、康卫华（2005）对欧盟银行业的一体化进行了分析，并指出，零售银行服务一体化进展缓慢，要想有所进展，需要推动欧盟层面监管的国际协调⑥。周茂荣、田鑫（2009）研究了欧盟债券市场的一体化后指出，欧盟债券市场一体化有明显

① 朱润东，张彬. 美国和墨西哥在 CUSTA 和 NAFTA 中的贸易增长效应 [J]. 国际贸易问题，2009，08：45 - 51.

② 舒曼. 美国区域经济一体化的贸易效应分析 [J]. 国际商务（对外经济贸易大学学报），2011，06：60 - 63.

③ 朱晓军，张娟，赵珏. 欧盟商品市场一体化的影响因素分析：基于边界效应的视角 [J]. 世界经济研究，2008，10：78 - 82，86，89.

④ 张娟. 欧盟商品市场一体化的影响因素研究：基于边界效应的视角 [J]. 国际贸易问题，2008，12：53 - 59.

⑤ 刘轶. 论欧盟金融服务市场一体化中的相互承认原则 [J]. 湖北社会科学，2006，06：78 - 80.

⑥ 王志军，康卫华. 欧盟银行业一体化发展分析 [J]. 南开经济研究，2005，02：89 - 94.

的进展，但各国明显失衡①。王志军（2009）以欧元区为视角对金融服务一体化的发展进行了研究，并指出，欧元启动以来，金融一体化不断深化，但金融危机的爆发，使其暴露出缺乏统一行动机制的缺陷②。白当伟（2008）对欧盟金融一体化进程中的金融中心的发展进行了研究，得出了随着金融市场一体化的深化发展多层次金融中心的格局并没有被削弱的结论③。此外，肖灿夫等（2008）对欧盟一体化对经济产生趋同还是差异化效应进行了探讨，研究结果显示，欧盟国家在一体化的作用下经济发展出现了趋同，并指出制度趋同、发达国家的技术扩散是主要原因④。王小海（2007）对欧盟一体化的早期理论进行了评析，并指出文化因素是决定欧盟一体化方向和格局的重要因素⑤。

　　除了上述以区域为视角的研究之外，我国学者还从其他角度对与经济一体化有关的问题进行了研究。如梁双陆、程小军（2007）对区域经济一体化理论进行了评述⑥；鲁晓东、杨子晖（2009）研究了区域经济一体化的FDI效应，将区域经济一体化对FDI的效应分为市场规模效应和门槛效应，并指出贸易和投资互补的效应⑦；汪占熬、陈小倩（2012）将区域经济一体化效应总结为静态效应、

　　①　周茂荣，田鑫. 欧盟债券市场的发展与一体化进程——基于结构性 VAR 模型的实证分析 [J]. 世界经济研究，2009，02：74–79，89.

　　②　王志军. 欧元区金融一体化发展与稳定性安排的困境 [J]. 国际金融研究，2009，03：62–70.

　　③　白当伟. 欧洲金融市场一体化进程中的金融中心研究 [J]. 国际金融研究，2008，07：59–68.

　　④　肖灿夫，舒元，李江涛. 欧洲经济一体化、区域差距与经济趋同 [J]. 国际贸易问题，2008，11：43–49.

　　⑤　王小海. 欧洲一体化进程不同阶段理论评析 [J]. 现代经济探讨，2007，06：35–37，72.

　　⑥　梁双陆，程小军. 国际区域经济一体化理论综述 [J]. 经济问题探索，2007，01：40–46.

　　⑦　鲁晓东，杨子晖. 区域经济一体化的 FDI 效应：基于 FGLS 的估计 [J]. 世界经济文汇，2009，04：77–90.

动态效应和产业集聚效应①；赵永亮、才国伟（2009）研究了市场潜力的边界效应等②。

通过对上述国内外相关研究文献的梳理，发现现有文献存在以下不足：

第一，国内外均有学者对欧盟经济一体化的效应进行了研究，有的从货物贸易一体化的角度对一体化的效应进行了分析，如朱晓军等（2008）和张娟（2008）的研究。有的则从制造业集聚或制造业专门化的角度对欧盟经济一体化的效应进行了分析（Midelfart-Knarvik et al.，2000；Forslid et al.，2002a、2002b；Midelfart-Knarvik and Overman，2002；Marques，2005）。但很少有文献对服务市场一体化的空间效应进行分析。

第二，有学者对欧盟的个别服务部门的市场一体化进行了探讨，如刘轶（2006）、周茂荣和田鑫（2009）、王志军和康卫华（2005）、Marcel Fratzscher（2001）、Daniel Stavarek 等（2011），研究了欧盟金融服务市场一体化的有关问题；郑兴无（2010）研究了国际航空运输服务政策。很少有文献对欧盟服务市场尤其是欧盟区域内服务市场的一体化进程进行全面的总结。

为了弥补现有文献的缺陷，本书以欧盟区域内服务市场一体化为研究对象，首先系统地分析了欧盟区域内服务市场一体化的过程；其次对重点服务部门的一体化水平进行了评估；最后以服务部门专门化为代表，探讨了服务市场一体化的空间效用。

---

① 汪占熬，陈小倩. 区域经济一体化经济效应研究动态 [J]. 经济纵横，2012，10：110－113.

② 赵永亮，才国伟. 市场潜力的边界效应与内外部市场一体化 [J]. 经济研究，2009，07：119－130.

1.3　本书的结构安排

本书的结构安排如下：

第 1 章为导论。介绍了本书的研究背景、研究意义、国内外的研究现状、本书的结构安排以及主要创新和不足。

第 2 章为概念界定及相关理论。首先，对相关概念进行了界定；其次，对区域经济一体化理论及其发展进行了阐述；最后，对边界理论及其发展进行了分析。

第 3 章为欧盟区域内服务市场一体化的障碍分析。首先，阐述了《欧盟服务指令》出台之前欧盟区域内服务市场一体化的主要障碍；其次，从不同的角度分析了服务市场的障碍对欧盟经济产生的负面影响；最后，指出欧盟采取措施推进服务市场一体化的必要性。

第 4 章为欧盟区域内服务市场一体化进程分析。首先，对欧盟一体化进程进行了回顾；其次，以欧盟推进服务市场一体化的政策为视角，从总体上分析了欧盟区域内服务市场一体化的进程。

第 5 章为《服务指令》涵盖范围之外的欧盟服务市场一体化进程分析。以欧盟推进服务市场一体化的政策措施为主线，重点分析了《服务指令》涵盖范围之外的主要的服务部门如航空运输、海洋运输、铁路运输、金融的一体化进程。

第 6 章为一体化水平分析。首先，以定性分析为方法，对欧盟主要服务部门的一体化水平进行了定性分析；其次，以金融市场为例，用定量分析的研究方法对货币市场、债券市场、股票市场、银行服务一体化的水平和趋势进行了评估。

第 7 章为欧盟区域内服务市场一体化的边界效应分析。首先，对分析选择的对象国和区域的划分进行了说明；其次，从理论上对服务市场一体化对服务业区域定位影响进行了分析；最后，通过定量分析的方法，以波兰为例，对服务市场一体化对服务业区域定位影响进行了分析。

第 8 章为结论与展望。对前面分析的主要结论进行总结并对未来相关研究提出建议。

1.4　主要创新和不足

1.4.1　主要创新

本书的创新主要体现在三个方面。

一是研究内容的创新。如前所述，国内的研究中专门研究欧盟区域内服务市场一体化的文献很少，对欧盟区域内服务市场一体化的研究不够系统和深入；国外的相关研究文献虽然数量众多，但很少有文献对欧盟区域内服务市场一体化过程进行系统的分析。本书以欧盟区域内服务市场一体化为研究对象，从政策的角度系统地分析了欧盟区域内服务市场一体化的过程，不仅可以弥补现有文献的不足，而且可以为我国进行相关研究的学者提供一定的参考。

二是研究视角的创新。以往研究欧盟一体化的中文文献中或者以货物贸易为视角，或者以经济为视角，或者以对外政策或对内对外相结合为视角，很少有文献单独研究欧盟对内贸易的政策，尤其是对内推进服务贸易一体化的政策，本书选择欧盟内部服务市场为研究视角有一定的新意。

三是对经济一体化理论应用的拓展。传统的区域边界理论主要用于分析经济一体化对制造业的空间影响。本书以区域边界理论为依据，对欧盟服务市场一体化对服务业区域定位的影响进行了分析，拓展了理论应用的范围，可以为后续的相关研究提供一定的借鉴。

1.4.2 研究的不足

本书的研究主要有以下两点不足。

第一，对一体化的水平进行定量分析时仅对金融服务进行了分析，其他的服务部门没有涉及，而一个行业的分析不能代表所有的服务部门。

第二，对欧盟服务市场一体化的效应进行分析，仅选择了波兰为例，分析样本小。此外，受数据可获得性及质量的限制，分析采用有限的指标进行了定量分析，没能通过经济计量模型进行更深入的探讨。

第2章

概念界定及相关理论

2.1 相关概念的界定

2.1.1 服务

本书中服务的定义与共同体条约和欧洲法院的相关判例法中的定义保持一致，将其定义为：任何个体经营的通常为了获得报酬而提供的经济活动。为了满足服务的定义，一项服务必须是个体经营活动，也就是必须由一个不受雇佣合同约束的服务提供者（可以是自然人也可以是法人）进行提供的服务。此外，通常这种服务的提供必须以获得报酬为目的，必须体现出经济特性。

本书中的金融批发服务是指金融服务公司与机构（如银行、保险公司、基金公司、股票经纪人）之间进行的金融服务交易。金融零售服务指向个体客户（包括私人投资者）提供的活期账户、支付、个人贷款、房屋抵押贷款、储蓄、养老金、投资和保险等服务。

2.1.2 欧盟区域内服务市场一体化

很多学者对经济一体化进行了定义。如 Balassa（1961）将经济一体化定义为在一个区域内部消除歧视①。Kahnert et al.（1969）将经济一体化定义为逐步取消在成员国边界歧视的过程②。Machlup（1977）将其定义为：将分散的经济整合为一个较大的经济区域的过程③。需要指出的是，到目前为止，区域经济一体化并没有一个统一公认的定义，就像 Allen（1963）所指出的那样，经济一体化对不同的人意味着不同的内容④。

在前人定义的基础上，结合研究的目的，本书中将区域经济一体化定义为：消除成员国之间的壁垒，将区域内分割的市场整合为一体化市场的过程。相应地，本书中将欧盟区域内服务市场一体化定义为：消除欧盟区域内服务自由移动的壁垒，将区域内分割的服务市场整合为一个一体化的服务市场的过程。

2.1.3 《服务指令》

《服务指令》是欧盟推进区域内服务市场一体化进程的重要措施。《服务指令》的主要目标是通过消除欧盟区域内服务贸易的法律和行政壁垒，释放欧盟服务市场的增长潜力。《服务指令》仅涵盖了欧盟 60% 的服务，主要包括分销、建筑服务、商务相关服务、旅游、娱乐、住宿和餐饮、培训和教育服务等。金融服务、运输服务、通信服务等则不受《服务指令》的管辖，这些服务部门由特定

---

① Balassa, Bela. The Theory of Economic Integration [M]. Homewood, Illinois: Richard D. Irwin, 1961.

② Kahnert, F, P. Richards, E. Stoutjesdijk, and P. Thomopoulos. Economic integration among developing countries [R]. Paris: Development Center of the Organization for Economic Co-operation and Development (OECD), 1969.

③ Machlup, Frtiz. A history of thought on economic integration [M]. New York: Columbia University Press, 1977.

④ Allen, Robert Loring. 1963. Review of The theory of economic integration, by Bela Balassa [J]. Economic Development and Cultural Change, 1963, 11 (4): 449 – 454.

服务部门的次级法规进行管理。

2.2 区域经济一体化的理论

2.2.1 关税同盟理论

2.2.1.1 Viner 的传统关税同盟理论

Viner（1950）是第一个制定具体的标准用于区分经济一体化优点和缺点的研究。Viner 对经济一体化的静态分析将区域经济一体化的效应分为两个：贸易创造效应（Trade Creation Effects）和贸易转移效应（Trade Diversion Effects）①。

贸易创造效应是指当两个或两个以上的国家建立关税同盟之后，贸易会从成本高的成员国转移至成本较低的成员国。贸易转移效应是指两个或两个以上的国家建立关税同盟之后，贸易会由成本较低的非成员国转移至成本较高的成员国。

这两种效应可以通过上表2.1 中的例子加以说明。假定 A 国与 B 国或者 C 国建立了关税同盟，无论是哪种情况，A 国都能受益。原因在于，A 国国内商品 Y 的价格 35 高于 B 国的 25 和 C 国的 15，建立关税同盟之后，贸易的流向将从同盟内成本较高的 A 国流向同盟内成本较低的 B 国或 C 国。这就是关税同盟的贸易创造效应。

表 2.1	商品 Y 在三个国家中的价格		
	A 国	B 国	C 国
商品 Y 的价格	35	25	15

① Viner. The Customs Union Issue［M］. New York：Anderson Kramer Associates，1950.

如果在没有建立关税同盟之前 A 国对商品 Y 征收 100% 的进口关税，A 国会选择从 C 国进口商品 Y，因为此时来自 C 国的商品 Y 的价格为 30，小于 A 国的 35 和 B 国的 50。如果 A 国与 B 国结成关税同盟，A 国不再对来自 B 国的商品征收关税，但保留对 C 国征收 100% 的进口关税，此时 A 国会从 B 国进口商品 Y，因为来自 B 国的商品 Y 的价格为 25，低于 A 国的 35 和 C 国的 30。贸易的流向从最初的成本较低的非成员国 C 转向了成本较高的成员国 B，这就是关税同盟的贸易转移效应。

任何关税同盟的主要目的都是改变商品的供应来源，如果从成本较高的来源转向成本较低的来源，关税同盟会被视为朝着自由贸易的方向发展；相反，如果从成本较低的来源转向成本较高的来源，关税同盟则被视为使关税保护更具效率的举措①。Viner（1950）指出，贸易创造可以增加母国的福利，贸易转移则会减少母国的福利。此外，Viner 指出，关税同盟的规模是一个非常重要的因素，规模越大越能实现规模经济，越能使关税同盟朝着自由贸易的方向发展。Viner 对关税同盟持悲观态度，认为除非满足严格的条件，否则关税同盟带来的经济利益不会多于损害。

2.2.1.2 传统关税同盟理论的发展

以 Viner 的一体化效应静态分析为基础，其他学者进行了相关研究，推动了关税同盟理论的发展。下面将这些学者的研究对关税同盟理论的主要贡献作简要的阐述。

1. 关税同盟的贸易扩大效应（Trade expansion）。Hay（1957）和 Meade（1955）对 Viner 的"关税同盟的贸易转移效应会导致世界范围内要素的不当分配"的观点提出了挑战。Meade（1955）指出，Viner 的分析仅在需求没有弹性、供给完全弹性的条件下才成

---

① Salera, Virgil. Review of The customs union issue, by Jacob Viner [J]. The Journal of Political Economy, 1951, 59 (1): 84.

立。如果需求的弹性增加，关税同盟（即便在产生贸易转移效应的情况下）会使贸易总量增加，Meade 把这种效应叫做关税同盟的贸易扩大效应。此外，Meade 主张将关税同盟的贸易扩大效应加入 Viner 的关税同盟的贸易扩大和贸易转移分析中，这会使贸易转移所产生的损害不再像以前分析的那样大①。

2. 关税同盟的生产效应和消费效应。Lipsey（1957）指出，Viner 的关于贸易创造效应将生产从成本较高的国家转向成本较低的国家是"有利的"而贸易转移效应会造成经济福利损失的论断是站不住脚的，因为经济福利由生产和消费两种效应组成，Viner 的分析只考虑了生产效应，却忽视了消费效应。实际上，当关税同盟组建时，作为成员国之间关税壁垒下降的结果，成员国国内市场的相对价格也会发生变化。这种价格的变化会产生两种效应：一种是 Viner 所分析的生产效应；另一种是消费效应，即关税同盟的成员国会明显增加成员国彼此之间产品的消费，减少对关税同盟的非成员国产品的消费。Viner 分析的最大缺点是假定消费独立于价格的相对变化。

Lipsey（1960）对自己 1957 年提出的关税同盟的生产效应和消费效应进行了评论，指出进行这样的区分是无法令人满意的，容易产生误导，因为消费变化自身也会刺激生产的变化②。基于这点考虑，Lipsey 建议做出一个更令人满意的区分，即分为国家之间替代（Inter-Country Substitution）和商品之间替代（Inter-Commodity Substitution）。国家之间替代是指一个国家的商品被另一个国家的商品所替代，这种情况和范纳最初的贸易创造和贸易转移的分析一样。商品之间替代是指由于价格的相对变化而导致的一种商品被另外一

---

① Meade, J. E. The theory of customs unions [M]. Amsterdam: North Holland, 1955.

② Lipsey, R. G. The theory of customs unions: A general survey [J]. The Economic Journal, 1960, 70 (279): 496–513.

种商品所替代。Lipsey 所做的关税同盟的生产效应和消费效应分析被认为是对关税同盟理论所做的最为重要的贡献之一。

3. 贸易转移和福利。Johnson（1975）指出，如果同时考虑关税同盟的生产效应和替代效应，关税同盟的贸易转移同样可以使福利水平增加，因为贸易转移至成本较高的国家而导致的福利损失可以被更多的由于进口关税壁垒下降使消费者面对低价格而带来的福利收益所弥补[①]。不管增加的进口是否来自成本最低的国家，消费者面对的价格下降均会使消费者剩余增加[②]。

4. 贸易条件效应（The Terms of Trade effect）。Krauss（1972）指出，当时分析经济一体化对福利影响的研究都假定研究的对象国是小国，对世界的价格没有影响力。如果对象国是大国，对世界市场的价格具有足够的影响力，当该国对进口征收关税时会使其进口下降。大国进口的下降意味着世界需求的下降，随之而来的是世界市场价格的下跌，使该国进口相对于出口的价格下降，贸易条件改善。这个过程就叫贸易条件效应。

2.2.1.3 关税同盟的动态效应

前面的分析均建立在静态分析的基础之上，除了静态效应，关税同盟还可以产生动态效应。关税同盟的动态效应很难进行准确的估算，但很多学者认为关税同盟的动态效应更有意义。下面对关税同盟的动态效应做较为详细的阐述。

1. 促进竞争效应。关税同盟成立之前，成员国国内市场由于保护大都形成了垄断的结构，市场由垄断企业进行瓜分和控制，长期攫取垄断利润，垄断企业没有动力进行创新，企业效率低下。关

---

① Johnson，Harry G. A note on welfare-increasing trade diversion［J］. The Canadian Journal of Economics，1975，8（1）：117－123.

② Pomfret，Richard. The economics of regional trading arrangements［M］. Oxford：Clarendon Press，1997.

税同盟成立之后，国内市场向其他成员国开放，国内的企业会面临所有成员国同类企业的竞争，谁能够在竞争中获胜，谁能占据市场。迫于这种竞争压力，企业不断进行技术创新，不断采取措施提高效率，久而久之，该行业整体的效率大大提升，进而提高了整个经济的效率。

2. 规模经济效应。关税同盟成立之后，成员国之间商品流动的壁垒消除，同时建立统一对外的贸易壁垒。成员国之间贸易壁垒的消除有利于市场规模的扩大，这为企业扩大生产规模创造了条件。企业生产规模的不断扩大会使企业生产的商品的单位成本下降，实现规模经济。成员国的企业在扩大的市场中实现了规模经济之后，会增加其相对于同盟外部国家企业的竞争力。

3. 投资效应。关税同盟取消了对内的贸易壁垒，却保留了对外的贸易壁垒，这使非成员国的商品在同盟内部的竞争中处于不利的地位。为了扭转这种不利的局面，非成员国会选择以直接投资的方式进入同盟的市场以绕开贸易壁垒。因此，关税同盟可以起到促进非成员国企业在同盟进行直接投资的作用。

4. 资源配置效应。关税同盟成立之后，成员国之间资源流动的障碍逐渐消除，随着一体化程度的加深，市场逐渐趋于统一，市场变得更加透明。在这样的情况下，资源会从效率低的地区向效率高的地区流动，从效率低的行业向效率高的行业转移，这种流动使共同体资源配置更加合理，资源的使用效率大大提升。

2.2.2 大市场理论

西托夫斯基和德纽是大市场理论的代表人物。大市场理论是针对共同市场而提出的区域经济一体化理论，动态地分析了区域经济一体化的经济效应。

关税同盟取消了成员国之间商品贸易的壁垒，实现了商品在区域内的自由流动，共同市场比关税同盟更进一步，除了实现商品自由流动之外，还实现生产要素在市场内的自由流动。共同市场将分割的市场统一起来，形成统一的大市场，然后通过在这个统一大市场中的自由竞争，使企业获得规模经济的收益。随着市场规模的扩大，消费者需求增加，需求的增加会促使投资增加，投资增加会使工资增加、商品价格下降，工资增加又会促使需求的增长，如此经济将实现滚雪球似的增长。

2.2.3　协议性国际分工原理

协议性国际分工原理是由日本经济学家小岛清提出来的。

所谓协议性国际分工，是指一国放弃某种商品的生产并把国内市场提供给另一国，而另一国则放弃另外一种商品的生产并把国内市场提供给对方，即两国达成相互提供市场的协议，实行协议性国际分工。协议性分工不能指望通过价格机制自动地实现，而必须通过当事国的某种协议来加以实现，也就是通过经济一体化的制度把协议性分工组织化。如拉丁美洲中部共同市场统一产业政策，由国家间的计划决定的分工，就是典型的协议性国际分工。

进行协议性分工必须满足一定的条件：

第一，签署协议性分工协议的两个国家的资源禀赋差别不大，并且两种商品在哪个国家都能生产。

第二，进行协议性分工的商品必须是能够取得规模经济的商品。

第三，专业化生产两种商品的利益差别不大。

2.2.4　综合发展战略理论

鲍里斯·塞泽尔基在《南南合作的挑战》一书中系统地提出了

综合发展战略理论，对发展中国家的经济一体化现象进行了阐述。

综合发展战略理论认为，经济一体化是发展中国家的一种发展战略，要求有强有力的共同机构和政治意志来保护较不发达国家的优势。因此，有效的政府干预对于经济一体化是很重要的，发展中国家的经济一体化是变革世界经济格局、建立国际经济新秩序的要素。

2.3　解释一体化边界效应的理论

2.3.1　贸易理论

一体化可以通过国际要素的移动或国际贸易产生空间影响。一体化理论主要研究贸易自由化对经济的影响，贸易理论自然成为了一体化理论的非常重要的组成元素。1950 年范纳出版了《关税同盟问题》（The Customs Union Issue）一书，使区域经济一体化理论开始成为独立的经济学分支（Viner，1950）。最初的区域经济一体化理论主要以新古典贸易模型为基础，20 世纪 80 年代以来，新贸易理论开始出现，对区域经济一体化理论产生了非常重要的影响。与传统的贸易模型不同，新贸易模型引入了规模经济和垄断竞争。在国际贸易模型中国家边界被视为国际贸易的关税壁垒和非关税壁垒。

传统的贸易模型和新贸易模型均认为，通过降低贸易壁垒，区域经济一体化可以促进国际贸易，并对国际专业分工模式产生影响。国内经济也会做出相应的调整，将生产要素在各部门间重新分配。生产要素往往被假定为在国家的内部或国内的部门间可以自由地流动，但在国家与国家之间不能流动。因此，国家的要素禀赋是固定的，国际贸易可以替代国家之间要素的流动。此外，交通运输成本在国内和国际贸易中均不存在，每个国家都被视为一个点。由于在国际贸易模型中国家被视为点，国际贸易模型也就无法处理区域经济一体化的空间效应。空间距离与贸易关系强度无关的假设同重力模型（Gravity Models）证明的结论——空间距离是双边贸易量的一个非常重要的决定因素形成了非常巨大的反差。因此，为了使贸易模型更加贴近现实，需要给贸易模型增加空间结构，即贸易模型要包含每单位距离成本的概念。

早期通过将区位理论和国际贸易理论融合，解决贸易模型没有空间概念缺陷的尝试可以追溯到 1967 年俄林的研究。俄林认为，所有国际贸易的研究结果都可以应用到区域之间的贸易关系中①。劳赫（Rauch）通过将城市经济学的元素与国际贸易理论组合在一起的办法，将空间的概念融入贸易模型中。在劳赫的模型中，国内与国家之间的交通运输成本决定国内与国家之间的贸易量。此外，劳赫指出，由于港口城市有较低的进入国际市场的运输成本优势，因而能吸引更多的经济活动；在人口规模不变的情况下，当一个人从沿海城市移动到内陆城市时其工资和房租将会直线下降②。区域的地理位置十分重要，决定着其进入国际市场的成本。接近国际市场对准备向这些国际市场出口商品的公司来说是一种优势，因此，出口企业大量向港口城市聚集，促进地区经济的发展。此外，现实中国际贸易不是仅通过港口才能发生，也可以直接跨越边界地区将货物出口到国外。从这点来看，边界地区地理位置也接近国际市场，同样具有吸引出口企业的地理位置优势。

总之，上面所提及的贸易模型，就其从理论上对区域经济一体化的效应进行分析的贡献十分有限，说其与区域经济一体化的议题

---

① Ohlin. Interregional and International Trade, 3rd edition [M]. Massachusetts：Harvard University Press, 1967.

② Rauch, J. E. Comparative Advantage, Geographic Advantage and the Volume of Trade [J]. The Economic Journal, 1991, Vol. 101：1230 – 1244.

相关主要是考虑到这些贸易模型处理了贸易自由化对国内生产模式的影响。但是，这些贸易模型并没有解决宏观生产结构的变化如何影响一个国家内部的区域。因此，也就无法解释贸易自由化会对边界区域产生怎样的影响。很有可能的情况是生产要素在部门之间的重新分配会造成空间上的影响差异，这种想法在劳赫的模型中有所体现，由于边界区域具有接近国际市场的成本优势，因而是天然的生产地点[①]。

2.3.2 传统的区位理论

贸易理论和区位理论已经发展成为两个独立的经济理论分支，但它们却处理很多相似的问题。区位理论主要研究企业地点选择的决策，企业所在地的国际贸易流只是企业选址后的结果。通常，传统的区位理论不被视为区域经济一体化理论的组成部分，这似乎无法让人理解，因为经济一体化早已成为古典区域经济学家和经济地理学家的研究议题（Hover，1948；Hansen，1977）。

Lösch（1944）构建了一个非常规的模型用于分析区域经济一体化的空间影响。在这个模型当中，Lösch 假定消费者和生产要素都是不能移动的，并且在空间上平均分布。与新贸易理论一样，Lösch 也考虑规模经济和不完全竞争。企业会将经营场所选择在空间上能够辐射到消费者同时又能是利润最大化的地点。运输货物会产生运输成本，这些运输成本与消费者和生产者之间的距离成正比。这样，生产者的经营地点能够辐射到的市场区域如图 2.1 所示。

在图 2.1 中，PI 代表在 I 地的价格，d 是消费者的需求，且满

---

① Hanson, G. H. Integration and the location of activities-Economic integration, intra-industry trade, and frontier regions [J]. European Economic Review, 1996, Vol. 40: 941 – 949.

足条件∂d∕∂PI<0，d(P_F)=0。假设企业将 A 点作为其经营地点，A 点的价格为 P_A；居住在 F 点的消费者面对的价格为 P_F，价格 P_F 包含了从 A 点到 F 点的交通运输成本。这样，企业在 F 点以及远于 A 点到 F 点的区域将不能销售出任何商品。因此，企业的最大销售半径为 A 点到 F 点的距离，如果将这种关系拓展至所有的方向，企业的销售区域为以 A 点为圆心、半径为 A 点到 F 点距离的圆。企业能够在其销售区域卖出多少商品则取决于商品本身的特性以及供给和需求的方程。

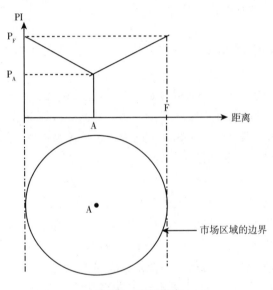

图 2.1　空间需求

Lösch（1944）的核心问题是发展区域市场理论。他将一个正六边形市场区作为企业处于均衡状态的市场区域，在该区域中所有空间上的点都能够被供应商品。如果引入国家的边界，空间市场区域系统将受到影响。国家边界如果构成完全或不完全的国际贸易的障碍，将对市场网络起到扭曲的作用，并对市场区域进行分割，最终对市场的潜力会造成负面的影响（见图 2.2）。销售的下降将迫使企业退出市场。接近边界区域构成了企业的劣势，企业不愿意将经营地点安置在边界区域。企业会选择远离边界区域，将经营地点安置在接近国家地理位置中心的位置，企业的经营地点越接近地理位置中心，其获得的市场区域就越大。在这样的情况下，边界区域的经济活动将很少，因为很少有企业仅想获得较小的市场区域。

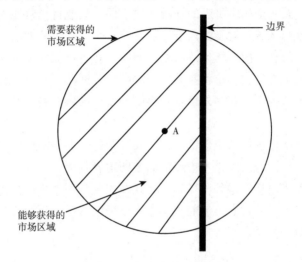

图 2.2　边界对市场区域的扭曲

与 Lösch（1944）的研究类似，Guo（1996）通过区位模型得出，边界区域是处于劣势的区域，因为国家边界限制了商品的流动[①]。Hoover（1963）指出，关税或其他对国际贸易进行限制的措施会增加运输的成本、扭曲市场区域和供给网络，会增加坐落于接近边界地点的企业的生产成本。因此，生产者在选择经营地点时会避开接近壁垒的边界地区，因为这些地区会削减企业的市场区域。生产者会将经营地点选择在靠近国内市场中心区域的地方。因

---

① Guo, R. Border-Regional Economics［M］. California：Physica-Verlag, 1996.

此，企业在国家地理中心位置的供给和需求网络要比边界地区的密集。

与 Lösch 的视角不同，一些相关研究认为，开放边界区域使其自由贸易将会显著地改变边界区域的经济条件。边界区域会因为国际贸易壁垒的下降以及进入国际市场成本的降低而变得十分具有吸引力。开放边界区域允许自由贸易将释放边界地区的市场潜力，很有可能达到一个非常可观的规模。这会促使企业将经营地点坐落于接近边界的区域。对于国内市场份额非常小的新产品而言，可以以非常可观的利润向一体化的市场区域销售。企业的地点越是接近共同市场的中心位置，这种效果就会越明显。因此，在一体化的过程中，位于国内市场和国外市场交界处的边界区域将对生产者极具吸引力。

总之，传统的区位理论认为，在一个封闭的经济体内边界区域是欠发展的区域。如果考虑经济同盟的边界效应，一些区位模型认为一体化将对接近国外市场的边界区域产生积极的影响。因此，区位理论提供了非常有价值的关于边界壁垒的降低如何影响处于中心边界区域的假设。

2.3.3 新经济地理学

新经济地理学主要研究经济活动在空间上的分布以及用完全内生的区位决策来解释区域差异。Krugman（1991）建立了第一个新经济地理模型——中心外围模型。在此之后，克鲁格曼和其他的学者对这个影响深远的模型在多个方面进行了调整，发展成为多个新经济地理模型[①]。这些模型有着共同的特点，综合了传统的区域和新贸易理论的元素。克鲁格曼将新经济地理模型视为区位模型，因

----

① 这些模型的详细总结参阅 Fujita et. al.（1999）.

为对贸易理论家来讲，区位模型更容易理解。与传统的区位模型一样，新经济地理学最初仅是一个静态理论。与区位模型有所不同的是，新经济地理模型是一般均衡模型。

新经济地理模型的特点是带有明显的空间结构，考虑区域之间贸易的成本、规模经济和垄断竞争。空间均衡产生于企业和工人（消费者）的区位决策。企业和工人在空间上的均衡分布取决于向心力和离心力①之间的博弈。如果向心力居于主导会导致企业和工人在空间上的不平均分布，有些地区会出现经济集聚，有些地区则会出现仅有几家企业或根本没有企业的情况。

离心效应主要产生于集聚过程中无法移动的生产要素和不可贸易商品的稀缺性以及集聚所产生的纯外部不经济。向心力之所以能够吸引企业和消费者向一个地区集中，是因为相对较大的国内市场会对企业的利润和消费者的效用产生积极的影响。这可以通过大量生产与消费有关的前向和后向连锁进行解释。工人喜欢相对较大的市场，主要是因为大市场可以使其获得大量由本地生产的消费品，这可以提供工人的实际收入（前向连锁）。接近大市场可以使企业接近中间品和产成品的买主，这将对企业的利润产生积极的影响（后向连锁）。此外，企业为了能够更好地接近中间品的供应商而形成空间上的集聚可以为其节省交通运输成本和生产成本（前向连锁）。

由于在较大的市场中企业和人员的集聚已经存在，前向和后向连锁将引发集聚的自我强化过程。其结果是工业中心和欠发达的地区之间将形成非常大的工资和经济活动强度方面的差异。在其他条件相同的情况下，接近大市场地区的实际工资水平较高。

对于产业是否应该空间集聚的问题尚无定论，原因在于经济地理模型展现了多重平衡。空间平衡的构造取决于模型中包含的变量

① 向心力是指促进经济活动地理集中的因素；离心力是指促进经济活动地理分散的因素。

和所选择的参数。区域之间贸易的成本、企业和人员的流动性均会对向心力和离心力之间的博弈产生非常大的影响。此外，一体化可以影响国际运输成本、可以促进跨境的要素移动，这很有可能改变空间的均衡。关于一体化的空间影响的议题，有两个新经济地理模型的研究结论与之高度相关：

第一，国际贸易成本的降低、跨境劳动力流动的自由化会对国际层面上的向心力和离心力的平衡产生影响。因此，一体化会改变人口、生产要素和企业在国家之间的分配。

第二，国际贸易成本的降低会对国家层面上的向心力和离心力的平衡产生影响，原因在于国际市场对买者和卖者变得十分重要。这样，一体化会改变人口、生产要素和企业在国内的分配。

上述两个结论表明，一体化会通过改变经济活动在空间上的分配而产生空间效应。归于第一类的一体化空间影响主要源于贸易成本下降、要素流动自由化可以引起国家之间劳动力流动的事实。劳动力在国家之间的流动会改变国家的要素禀赋，进而会改变国际工业活动的地点。

第二个结论主要指一体化的国内区位效应。相关的研究模型可以追溯到 Elizondo 和 Krugman（1996）以及 Fujita 等（1999）的研究，两者均对克鲁格曼开创性的新经济地理模型进行了拓展。这两个模型展示了货物市场的开放能够对国内的经济地理产生影响。他们的研究表明，当在一个封闭的经济中经济活动的位置选择表现出强烈的内向性时，在一个开放的经济中会部分转变为外向性。国内市场将变得不再重要，国内中心相对或绝对的吸引力下降。这会导致经济要素在一个国家内部的重新分配，从原来的国内中心区域向新的地点转移。关于内部地理区域的重组能否吸引经济活动向边界区域转移的问题，Elizondo 和 Krugman（1996）以及 Fujita 等（1999）的研究并没有正式阐述。他们的研究假定在一个国家的内部所有的地点都面对相同的外部贸易成本，因此，没有任何一个区域能够获得贸易成本优势。尽管如此，现在的关于区域对外部贸易所作的调整的文献主要指一体化能够对边界区域产生积极影响的模型。

实际上，在新经济地理模型的基础上，如果考虑市场的规模，中心边界区域或沿着一个一体化成员边界的区域具有在一个经济同盟内的地理优势。这些边界区域的相对地理位置会毫无例外地被一体化所改变：从一个成员国的外围区域转变为共同市场的中心区域。中心边界区域的市场进入、市场潜力、市场规模将大大提升。如果处于边界两端的市场合并为一个市场，边界区域的国内市场将扩大。如果跨境的前向连锁和后向连锁能够获得发展，上述这种情况就会发生。当一体化进入高级阶段、国际边界已变得毫无意义时，一体化成员国之间跨境贸易会大大增加，原因在于企业可以将其大部分的产出作为出口，消费者所消费的商品中有很高的比例来自进口。这种发展变化将吸引企业和消费者向能够接近国外市场的中心边界区域转移。如果国内和国外企业是垂直联系关系，边界区域的吸引力将变得更强。如果是这样，与跨境相关的产业将会有动机实现在边界地区空间上的集聚。新经济地理学指出，如果同时考虑供给和需求，处于欧盟中心的边界区域是利用前向连锁和后向连锁的绝佳地点[①]。因此，一体化会导致处于边界区域的新经济中心的增加。

综上所述，新经济地理学认为最好的促进中心边界区域经济发展的方法是一体化，理由是一体化可以增加中心边界区域的市场潜力。如果通过一体化使边界区域变得十分具有吸引力，那么其他生产基地的主导力量将下降，新的集聚中心将会在沿着边界的区域出现以利用跨境供给和需求效应，传统的工业中心会因为具有较高的进入国外市场的成本而丧失经济活力。但是，一体化能够对边界区

---

①　European Commission. The impact of economic and monetary union on cohesion. Regional Policy, Study 35, 2000.

域产生正面影响论断并不是新经济地理模型一致的结论。有的研究指出，如果交通运输成本极低，企业将不会关心经营场所是否接近市场或供应商。一体化是否真地会对经济地理产生影响很大程度上取决于集聚力量的强度，因为集聚力量的强度会左右企业是否保持一体化之前的工业区位模式。此外，上面所提及的模型都是静态模型，经济活动的水平是给定的。因此，在这些模型中一体化效应仅是影响经济活动在空间上的分配，而不是影响经济活动的总量。这意味着边界地区获得经济活动，其他地区就会丧失经济活动。一体化能否打破欧盟内部的空间模式将完全取决于国际贸易成本的水平、劳动力流动的程度、企业的流动性。

除了上述的静态新经济地理模型之外，也有学者进行了动态经济地理的研究。这些学者指出，静态新经济地理模型仅分析了一体化的一次分配效应，但一体化的长期动态效应更重要。最早将增长和经济地理联系在一起的是 Martin 和 Ottaviano（1999）的研究，在研究中他们把罗默的内生经济增长引入一个新经济地理模型之中①。此外，Baldwin 和 Forslid（2000）将罗默的内生经济增长与克鲁格曼的中心—外围模型融合在一起②。最后需要指出的是，在动态的新经济地理模型中，一体化的空间效应仍然不明确。与静态的新经济模型一样，动态的新经济地理模型仍然无法直接用于对边界区域发展的解释。

① Martin, P., Ottaviano, G. M. Growing Locations：Industry location in a model of endogenous growth ［J］. European Economic Review, 1999, Vol. 43：281－302.

② Baldwin, R. E., Forslid, R. The Core-Periphery Model and Endogenous Growth：Stabilising and DeStabilising Integration ［J］. Economia, 2000, Vol. 67：307－324.

第 3 章

欧盟区域内服务市场
一体化的障碍分析

里斯本战略的主要目标是：到 2010 年，使欧盟成为世界上最具竞争力、以知识为基础的经济体。这个战略的重要组成部分是建设服务内部市场。然而，欧盟内部的服务市场存在着很多壁垒，阻碍着服务市场一体化的进程。本章首先对《欧盟服务指令》出台之前阻碍欧盟服务市场一体化的壁垒进行阐述，然后分析这些壁垒的影响，之后指出欧盟采取措施清除阻碍推进区域内服务市场一体化的必要性。

《欧盟服务指令》出台之前，欧盟区域内服务市场离真正的内部服务统一市场有很大的差距，原因在于内部服务市场中存在很多服务市场一体化的障碍，这些障碍既包括法律性质的障碍，也包括非法律性质的障碍。

3.1 法律性质的壁垒

法律性质的壁垒包括所有的对成员国之间服务贸易的发展产生阻碍作用的因素。这种壁垒可以源自多种因素，如成员国不同的法律所引发的困难、成员国的监管引发的问题、由跨境环境的复杂性而引发的法律不确定性等。不管源自哪种因素，结果相同：消费者和企业不愿意使用来自其他成员国的服务；服务提供者不愿向其他成员国提供服务。

3.1.1 服务企业建立阶段的壁垒

1. 垄断和数量等限制。垄断可以起到阻止其他成员国的非垄断服务企业在当地建立服务企业的作用，主要表现为：对特定产品的分销垄断，如酒和烟草等；特定服务提供者在某地提供某种服务具有排他性等。

一些成员国通过数量和配额条款对服务提供者的数量进行控制，或者通过最大营业场所面积条款和地理距离条款限制服务提供者的数量，并使本国现有的服务企业与新进入企业相比具有优势。

一些成员国实施地域限制，将服务的授权分配给特定的区域，这样，一个来自其他成员国的服务提供者如果想在其投资的成员国全境提供服务，不得不在多个区域建立服务企业。

2. 国籍要求或居民要求。一些成员国要求服务企业的股东、管理者、员工必须有一定比例以上为本国居民。例如，有些成员国规定企业管理委员会的成员至少有一个为当地居民。这些规定会使外来的服务企业在竞争中处于不利的地位。

3. 繁琐的授权和登记程序。

第一，一个成员国的服务提供者想要进入其他成员国的服务市场往往受事先授权要求的限制，这会使来自其他成员国的服务提供者处于不利的地位。

第二，一个成员国的服务提供者在另外一个成员国已经建立企业，并且满足了担保要求等条件，当其想要到另外一个或几个成员国建立企业进行经营时，仍需满足那几个成员国类似的担保要求，这种情况加大了想要在更多的成员国建立企业的服务提供者的负担。

第三，一些成员国某些服务活动过多的授权要求使外来的经营者遭受的限制效果扩大。最平常的情况是外来的服务提供者需要和更多的行政管理机构进行接洽，需要提供更多的证明，需要填更多的表格。

第四，授权和申请的程序与条件往往使外来的服务提供者受到限制或歧视，尤其是当授权机构的成员包括其竞争对手时或者要求申请者必须证明申请获得授权有必要时，这种限制和歧视作用将更为明显。

第五，外来的服务提供者往往有登记的要求，需要向行政管理机构、职业机构、贸易协会等进行登记。这种登记会产生较高的成本，尤其是其中涉及年费或疾病保险计划时，并在多个成员国经营时，服务提供者面临的该项负担将更重。

第六，有些成员国的授权和登记程序体现出明显的官僚性，需要等待很长的时间，需要举证责任，需要缴纳大量的费用，再加上行政投诉较难的问题，使外来的服务提供者不得不承受大量的行政管理负担和成本。

4. 对从事多种经营活动的限制。很多服务活动的经营有类似的规定，需要证明其与其他服务经营活动是独立的，这将使服务活动的联合经营难于实现。就这方面的规定而言，如果两个成员国之间差异较大，限制服务多种经营的规定将起到明显的限制一个成员国向另外一个成员国出口明显带有多种经营特征的专有技术。这种限制可以采取以下两种形式：

第一，与服务企业的结构和管理有关的规定阻止不同职业之间联合。例如，在欧盟的一些成员国有规定，律师不允许和非律师（如会计师、税务咨询师、专利代理等）结为合作伙伴。

第二，对多种经营活动的限制。某些成员国规定有些服务是不能同时经营的，要求服务提供者只能经营其中的一种，或者明确规定不同的服务只能在不同的地点进行经营。例如，有成员国规定，房地产企业不能从事其他的专业活动，如资产管理、金融咨询等。

5. 服务企业的法律形式和内部结构要求。有些成员国对某种服务经营采取何种法律形式有明确的规定，当不同成员国的该项规定各不相同时，想要在其他成员国建立企业的服务提供者面对的环境将变得更加复杂。例如，一家个体律师事务所如果想要到其他成员国投资提供法律服务需要将股权拆分，因为另外的成员国规定律师事务所只能以有限责任公司的形式设立。

此外，一些成员国对服务企业设有最低资本要求和最低雇佣人员数量要求。这种规定使企业尤其是中小企业望而却步。

6. 职业认证的规定。成员国之间有关职业认证的差异对想要到其他的成员国建立企业的服务提供者来讲会造成各种困难。成员国之间对受管制的服务活动规定存在差异，一个没有职业认证要求成员国的服务提供者到另外一个有职业认证要求的成员国建立服务企业时，会发现职业认证获得认可是一件十分困难的事情。

7. 服务企业经营条件的差异。一个成员国的服务提供者到其他成员国建立服务企业的决策不仅受市场准入条件的影响，同时也受目标成员国服务企业经营条件的影响。例如，职业责任保险规定、商店营业时间的规定会影响零售企业投资的战略；税法、基础设施使用的规定会影响电信企业的投资决策。

3.1.2 服务生产阶段的壁垒

服务提供者跨境使用投入的要素采取两种形式：一种是已经在一成员国境内建立企业的服务提供者想要向其他的成员国提供服务时，需要将经营地点转移至该国或将其生产要素（如员工、设备、中间服务等）移动至该成员国；另一种是服务提供者需要使用来自其他成员国的要素。无论采取哪种形式，都会使服务提供者面对很多困难，尤其是在跨境招募员工或派遣员工时问题更多。

1. 向其他的成员国派遣员工。服务具有生产和消费同步性的特点，这意味着服务提供者向其他的成员国提供服务时需要向其他的成员国临时派遣工作人员，这时服务提供者可能就会遭受各种困难。

第一，有些成员国要求，其他成员国的服务提供者在向其派遣员工时（不管是永久性的还是临时性的）需要提前作出声明，这会增加来自其他成员国的服务提供者的行政管理负担①。此外，当被派遣的员工到期时，服务提供者必须将被派遣的员工向劳动部门、行政管理机构、警察进行登记，从而使情况变得更加复杂。

第二，服务提供者向其他成员国派遣员工时需要履行复杂的行政手续，被派遣的员工需要接受各种严格而又系统的检查，需要填各种各样的表格，有时还要遭遇行政上的拖延，这对临时性派遣员工造成了很大的困难。

第三，有些成员国要求被派遣的员工需要应用东道国的劳动法，并不考虑该服务提供者是否在母国已经履行了相应的义务或缴纳了相应的费用。这种重复性的义务履行和缴费增加了其他成员国的服务提供者的成本和行政管理负担，对中小企业和处于边界区域需要定期派遣临时员工向该区域提供服务的企业来讲极为不利。

第四，当其他成员国的服务提供者向东道国派遣员工时没能履行提前声明义务，或违法了东道国的劳动法时，会遭受严厉的制裁，甚至动用刑事处罚手段，这会增大对服务贸易限制的效果。

第五，有些成员国使用的派遣的来自第三国的工作人员的程序和条件无异于授权申请，这种冗长、复杂的程序很有可能使服务跨境供给产生困难或根本无法完成。例如，有些成员国要求，其他成员国服务企业派遣的来自第三国的员工需要在该企业工作满一年以

---

① 例如，服务提供者需要将被派遣员工的在职证明翻译成东道国的语言而发生的费用。

上，有时甚至要求该企业提供该员工永久性的雇佣合同，此外，派遣员工的审批文件需要等很长时间才能获得批准（有的甚至需要等6个月）。

2. 使用其他成员国的临时工或工作代理。一成员国的服务提供者在使用其他成员国建立的工作代理或需要使用其他成员国的临时工人时会面临一系列难题。

成员国对工作代理有授权要求和在当地建立营业场所要求，这些规定将使该成员国的服务提供者无法使用在其他成员国建立的、没有获得授权或没有在当地设有企业的其他成员国的工作代理。这可以起到限制本国的服务提供者使用来自其他成员国临时工人的效果。同样，这种规定可以起到阻止该成员国使用在该国建立的工作代理提供的工人向有类似规定的成员国提供服务。这会导致合同执行的拖延或根本无法完成。

3. 其他的与跨境雇佣员工有关的问题。当一个成员国的服务企业需要从其他成员国招募员工以弥补技术缺陷时会面临许多困难，这些困难主要产生于欧盟内部市场当中对人员跨境自由移动的障碍。此外，成员国之间关于报酬、税务、社会保障规则的差异也被认为是这些困难的主要来源，使企业跨境雇佣员工变得很难，会引起额外的管理成本和纸面工作。

4. 商务服务的跨境使用。服务提供者在生产服务的过程中不仅需要人力资源的投入，而且需要投入各种各样的商务服务（Business Services）。这些商务服务主要包括法律援助服务、会计服务、营销服务、网页设计服务、设备租赁服务、运输服务、售后服务等。然而，服务提供者在使用跨境商务时会面临诸多困难，因为有很多成员国规定本国的服务提供者不允许使用其他成员国的商务服务（即便其他成员国的商务服务质优价廉）。

5. 设备和原料的跨境使用。有些成员国通过采取措施，对从事某种服务经营活动所必需的设备和原料的使用施加限制，致使服务提供者提供服务受阻、从服务自由流动中获得的利益大打折扣。这些限制使用的设备和原料主要涉及实验室的技术设备、商务用车的使用、展台的材料、修路的机器等。例如，欧元的流通引起了成员国之间跨境纸币和硬币运输服务需求的增加。然而，成员国之间关于现金运输的规定存在很大的差异，再加上成员国之间关于运输现金的设备和车辆的技术标准不同，使成员国之间这种服务的提供受到了限制。

3.1.3　服务促销阶段的壁垒

服务促销阶段是服务跨境提供的非常关键的阶段，服务提供者要想渗入其他成员国内的新市场就必须做好服务的促销工作。专有技术和专业能力是新进入企业区别于本地企业的核心要素，必须做好这方面的宣传才有可能被消费者所接受。然而，服务活动的宣传受复杂而严格的规则的监管，再加上这些规则在成员国之间有很大的差异，使服务提供者的跨境促销变得十分困难，根本无法采用一个跨欧洲的促销策略。

1. 授权、登记、公告程序。特定服务通过媒体宣传之前需要获得授权，这种授权机制很有可能对跨境促销活动造成延误，引起额外的行政管理负担。例如，有些成员国规定所有金融服务的广告宣传必须事先获得批准。

对分销部门而言，特定产品的促销、特定的促销形式、使用特定的媒体（如车载移动广告）都需要获得授权。

2. 商业宣传的禁止。有些成员国对特定形式的服务、特定种类的接受者、特定媒体有商业宣传禁令，这将严重影响来自其他成员国的服务提供者。原因在于，外来的服务提供者与本地服务提供者不同，他们除了特定的媒体之外没有其他的方式让当地的消费者知晓其服务产品。此外，有些受管制的职业的广告宣传完全被禁止，大大限制了其跨越自己国家的边界向外拓展客户的能力。

3. 商业宣传的内容。成员国对服务提供者进行商业宣传时使用的广告用语有严格的限制，不仅要求受管制职业的宣传提供真实的信息，而且信息自身也受到限制。例如，价格、服务之间的比较等信息不允许出现在商务宣传的广告用语之中。

此外，一些成员国对宣传所使用的语言也有严格的规定，要求必须使用该成员国的官方语言。

4. 商业宣传的形式。有些成员国规定通过特定的方式向客户传达商业宣传信息时，必须事先获得消费者的同意，这大大限制了服务提供者招揽客户的能力。例如，一些成员国规定，采用电话促销时必须事先征得对方的同意，否则将禁止这种行为。

3.1.4 分销阶段的壁垒

成员国对其他成员国服务的跨境提供有很多要求，这些要求基本上与对本国境内建立的服务提供者的要求相同，因此，此阶段的壁垒大多与服务企业建立阶段的壁垒有关。

1. 垄断和其他数量限制。与服务企业建立阶段有关的垄断和其他数量限制一样，分销阶段的垄断和数量限制也构成了在其他成员国建立的服务企业跨境提供服务的壁垒。垄断体系几乎可以使其他成员国的服务提供者丧失向垄断体系所在国跨境提供服务（即便是临时性或偶然性的跨境提供）的机会。同样，垄断的存在也会对消费者产生负面影响。

2. 国籍或建立企业的要求。除了以国籍为基础的歧视性措施之外，成员国要求其他成员国的服务提供者在向其提供服务时必须在该成员国境内建立企业的要求也是服务跨境提供的非常重要的障碍。这种建立企业的要求完全违背了服务市场一体化的基石——服务跨境自由提供的原则①。此外，需要指出的是，有些成员国不要求建立企业，但要求设有代表处，这实际上等同于建立企业的要求。

3. 授权、登记、公告程序。一些成员国要求在其他成员国建立的服务企业遵守同等的适用于在这些成员国境内建立的服务企业的授权、登记、声明程序。

第一，欧盟的很多成员国都有各种形式的事先授权要求②，即便是服务的跨境提供是偶然性的也不例外。对服务跨境提供实施的这类要求可以起到对服务跨境提供限制或阻碍的效应，尤其是当跨境服务提供者没有按要求获得授权时，服务接受国对其频繁使用严厉的制裁手段使这种限制效应更大。

第二，服务提供者在本国境内已经满足了服务提供的要求，当其向其他成员国跨境提供服务时仍需再次完成某些同样的要求，这种重复性的要求加重了跨境服务提供企业的行政管理负担。

第三，成员国往往对跨境服务提供者有登记注册的要求，这不仅会产生许多纸面上的工作，而且会花费很多成本。例如，有成员国要求电气工程师需要向本国的贸易协会登记注册，这意味着该电气工程师即便只是偶然一次向该国提供服务，也必须缴纳一年的注册费用776欧元。

第四，有些成员国有公告的要求，这种要求往往需要跨境服务提供者获得各种证明、翻译各种文件，从而使跨境服务提供者遭受复杂的纸面工作、承担大量的费用。

4. 服务提供者的内部结构和法定形式要求。在欧盟的一些成员国当中，不仅对在其境内建立的服务企业有法定形式和内部结构要求，对其他成员国的跨境服务提供者也有类似的要求。这使得其

---

① 《共同体条约》第49条规定，共同体内部对服务跨境提供的限制应当被禁止，服务提供者可以在任何成员国境内提供服务，而不必在当地建立企业。

② 例如，需要获得许可、需要获得执照、需要获得审批等要求。

他成员国的跨境提供者需要满足十分不同，甚至是矛盾的要求。

有些成员国有特定服务不相兼容规定，这些规定不仅适用于在这些成员国建立的服务企业，也同样适用于在其他成员国建立的跨境服务提供者。这种服务不相兼容的规定对服务的跨境提供有很大的限制作用，因为其他成员国建立的跨境服务提供者本身的结构可能就不符合服务接受国特定服务不相兼容规定的要求，根本无法向该服务接受国跨境提供服务。

5. 职业认证的要求。成员国之间职业认证要求和做法的差异也是服务跨境提供的主要障碍之一。服务跨境提供者发现，以原有的职业资质向其他成员国跨境提供服务时会面临许多困难。就职业认证要求而言，服务接受国对跨境服务提供者的职业认证要求与想要在其境内建立企业的职业认证要求相同，因此，服务跨境提供者需要履行复杂的寻求他们的职业资质获得认可的程序。

6. 监管服务经营活动的条件。跨境服务提供者所在国和服务接受国在服务经营活动条件方面的差异会使服务运营商面临很大的问题。例如，营业许可规定的地域限制不仅使在服务接受国建立企业的服务提供者，而且使跨境服务提供者面临很多困难。

7. 运输服务和邮政服务的差异。成员国之间对运输服务的要求存在很大的差异。就运输工具而言，特定货物（如酒精和化学产品等）运输使用的运输工具、用于租赁的运输工具、特定区域对旅游巴士的限制等规定各国迥然不同。运输服务提供的安排，如死人的运输等，各成员国之间也存在着诸多差异。此外，成员国铁路系统的差异（如铁轨的宽度、火车电力供应系统等）往往会导致通过边界区域的延迟和其他成本。

邮政服务速度缓慢，成员国之间邮政速率的差异会对边界区域分销活动产生连锁反应，从而使跨欧洲的快递服务发展变得十分困难。

8. 对服务接受者的限制。服务接受者（尤其是服务消费者）

和服务提供者是服务分销障碍的直接受害者。对特定成员国或成员国特定区域居民的特惠措施（如将特定服务的供给权排他性地赋予本国或特定成员国的居民的规定）将阻碍其他的成员国的服务接受者像本国居民一样使用服务[①]。

3.1.5　销售阶段的壁垒

销售阶段的障碍主要与合同、价格、付款、发票、会计核算、增值税、公共合同的获得等内容有关。

1. 合同的样式和内容。欧盟的合同法存在多种版本，会导致产生额外交易成本，尤其是可能产生昂贵的信息和诉讼费用，这些成本和费用对中小企业和消费者来说负担过重。此外，成员国监管合同内容规则的差异性以及鉴别不容违反的强制性规则的不确定性使在欧盟内部市场使用标准的合同变得几乎不可能。

2. 价格限定、支付、发票的规定和会计法。成员国应用的关于最高价格、最低价格、限定价格、建议价格等的价格规定使成员国之间同一种服务产生不同的价格计算方法和价格水平，不利于成员国之间服务的跨境提供。

此外，成员国关于发票和支付的规则与做法十分复杂，不利于成员国之间的跨境交易。与发票有关的规则不仅涉及增值税法，还涉及商法、物流法等内容。支付方式并不是在所有的成员国都有相同的法律地位，例如，企业如果想用信用卡进行支付必须与当地管理支付的机构建立合同关系，但银行转账的费用很高，对服务提供者和服务接受者均会产生不利的影响。

最后，会计法的目的之一是满足税务检查的需要，各国税法存在很大的差异，因此，成员国之间的会计法也存在很大的不同。例

---

① 如旅游、娱乐休闲服务、体育、运输、移动电话服务等。

如，会计凭证的记录必须与申请增值税退税所在成员国制定的会计分类保持一致。这使得在多个成员国有业务的企业必须平行地保持多个会计系统，同时还需确保企业整体会计系统的一致性。

3. 税务。跨境服务提供者除了要遵守母国的增值税法之外，还需遵守服务接受国的增值税法，这使跨境服务提供者面对的税务环境十分复杂。成员国之间增值税在税率、纳税义务、程序、类别等方面存在很大的差异，使跨境提供服务变得十分艰难。例如，家具搬运服务供给者在向多个成员国提供服务时必须和它提供服务的所有成员国的管理机构进行接洽，申请一个增值税号码①，并按照不同成员国的规则处理税务事宜。

此外，增值税退税在跨境交易中经过复杂而又漫长的程序，有时需要等上几个月甚至几年的时间。

4. 医疗赔偿和补贴。成员国只在特定的条件下才会对在其他成员国发生的医疗费用进行赔偿，这使得欧盟的居民不愿意向在其他成员国建立的社保类保险企业投保。出于某种原因②，欧盟的居民有时会到其他成员国接受医疗服务，但费用往往无法获得赔偿，即便获得了赔偿，医疗费用报销的比例也低于正常的水平，这构成了服务自由提供和使用的障碍。

此外，对使用本国服务提供者提供的服务的税收优惠政策对服务自由提供起到了非常明显的歧视和阻碍效果。例如，有些成员国规定职业培训的费用只有当课程在本国讲授时才免税。与此类似，只有与当地保险公司签订的人寿保险、附加险、养老金、投资基金合同才可以抵税。

5. 公共服务。单一招标、直接授予等限制性的行为，批准的程序、认证体系、谈判程序等，往往会导致某些公共合同直接预留给服务消费国建立的企业。例如，当地权力机构想要将废物收集和

---

① 增值税号码批复需要等待一周到六个月时间不等。
② 如接受医疗服务等待的时间，由于私人或职业原因而引起的居住地变更等。

处理或废水处理业务发包给第三方，但并不事先发出竞争公告的做法，有时会将想要参与竞标的其他成员国的企业排除在外。此外，成员国有些监管公共服务的特定条款和条件使其他成员国的企业参与竞标变得十分困难。

3.1.6　售后阶段的壁垒

1. 服务提供者的专业责任保险和财务担保。服务活动往往受法律规定的或职业机构监管的特定职业保险计划的约束。这些计划在成员国之间有很大的差异。这些差异会导致跨境服务的提供变得十分困难，因为成员国有动机将其自己的专业责任保险计划施加于其他成员国的服务提供者；或者要求其他成员国的服务提供者证明其已在自己的国家进行了相应的投保，这种证明不是无法完成就是提供起来十分困难。

有些服务（如财产管理、房地产代理等）需要提供财务担保。欧盟成员国之间财务担保计划有很大的差异，例如，某项特定服务可能是某一成员国的管理目标，同时设有最低的担保资金限额，但在其他成员国该服务可能并不是财务担保计划的管理内容。

将专业责任保险计划和财务担保计划进行协调是一件非常复杂的事情，尤其是在涉及跨境服务提供时问题变得更加困难，因为就一项特定的服务而言，在一个成员国可能受专业责任保险计划的约束，而在另外一个成员国该项服务可能受财务担保计划的约束。

2. 讨债。跨境服务提供往往会遭遇讨债的问题，当跨境支付过分拖延时会使这种问题恶化。很多欧盟的企业将延迟支付作为非常好的信用融通手段，原因在于，不仅延期支付的利息支出低，而且申请赔偿的程序缓慢。在有些情况下，贸易协会会介入延期支付问题，但这一通道并不向在其他成员国建立的企业开放。

此外，跨境服务提供者在使用讨债公司或当其他成员国欠债企业破产倒闭时权益保护同样面临问题。很多欧盟的成员国规定，跨境服务提供者不能使用非欠债企业所在国建立的讨债公司，并且使用讨债公司所引发的各项费用不能由债务人承担。

3. 售后服务的提供。跨境售后服务提供会面临很多困难，需要面对特定的技术问题或法律问题，尤其当跨境售后服务的提供需要人员的介入时，难度会加大。

4. 法律补救。在跨境法律程序中，法律的不确定性、程序的成本和缓慢性、使用非本国专家的困难性被认为是欧盟服务贸易售后阶段的主要障碍之一。在司法判决的处理上本国的一方被认为处于有利的地位，而其他成员国的另外一方则处于不利的地位。

3.2　非法律性壁垒

3.2.1　缺乏信息

1. 缺乏法规信息。成员国法规及对这些法规进行解释的信息的缺乏可以体现为多种形式，可以发生在商业流程的每个阶段。这些缺乏的信息主要包括授权管理机构的信息、资格要求、劳动法、设备的技术标准、商业宣传的规则、网络销售的规则、税法和合同法等。

主管当局信息、行政程序和手续信息的缺乏阻碍跨境服务的提供。信息的缺乏和信息的不透明使跨境服务提供者无法找到需要接洽的主管机构，无法获得所有必要的表格信息，无法理解程序。在有些情况下，主管机构提供的信息是互相矛盾的。此外，成员国机构之间缺乏协调也构成了服务贸易的障碍。

2. 缺乏对内部市场原则的理解。很多欧盟的企业和消费者并不知道他们的服务提供和使用服务的权利，中小企业缺乏必要信息来源对法律信息进行解释，这些权利意识的缺乏使个人和企业无法利用内部市场提供的机会。

许多服务提供者并不知道他们有向非歧视性措施发起挑战的权力，他们简单地认为内部市场仅禁止歧视性措施。他们并不知道在欧洲法院的司法解释中服务自由移动的原则不仅要排除歧视性的措施，而且也阻止对跨境交易有阻碍作用或使跨境活动处于不利地位的非歧视性措施。

质疑比例性原则的权力也没有获得很好的理解。服务提供者在遭受到贸易壁垒时，很少质疑这些相关的措施是否合乎比例要求。此外，他们也不知道即便是为了保护大众的利益而采取的限制性措施也不能重复要求①、必须符合比例要求。

服务的接受者（尤其是消费者）并不知道接受服务的权力是内部市场的基本原则，他们更不知道欧盟的条约已经赋予服务接受者不受限制地接受服务的权力。

3.2.2　文化和语言壁垒

大量欧盟的企业（尤其是中小企业）将文化壁垒视为向其他成员国不同的市场进行销售的主要障碍。语言和文化壁垒既可以直接或间接地产生于不同的监管环境，也可以产生于不同的消费者偏好和市场条件。

1. 与不同的监管环境有关的壁垒。与官方权力机构履行相应程序时的语言障碍被认为是文化壁垒，尽管这些障碍也可以产生于不同的法律和行政管理环境。一个成员国的服务提供者在与其他成员国的管理机构进行接洽时被要求使用本地的语言。此外，服务提供者还需要将一些文件翻译成当地语言，并且被要求使用官方的翻

---

① 指已经在本国满足保护大众利益要求的情况下，服务接受者不能再主张同样的要求。

译，需要获得公证处的公正。这种语言壁垒构成了欧盟内部服务市场一体化的主要障碍之一。

与不同的行政管理做法有关的文化壁垒同样是欧盟区域内服务市场的障碍。中小企业不知道如何与其他成员国的行政管理机构进行接洽，它们想要和管理机构商谈却不知怎样开始，更不知道行政管理程序何时结束、花费多大。

2. 与不同的市场条件有关的壁垒。服务提供者为了提供服务需要知道特定国家或区域的语言、价值观和习惯，这些信息的获取会对服务提供者造成很大的困难，引起很高的额外成本，结果使跨境服务交易的吸引力大大削减。

很多企业在与其他成员国进行交易时仍然使用本国的思维，不考虑跨境环境的变化，使交易双方缺乏信任，对跨境交易产生不利的影响。这种拒绝承认其他成员国习惯的做法构成了主要的文化壁垒。

3.3　欧盟内部服务市场壁垒的影响分析

3.3.1　对欧盟整体竞争力的影响

内部服务市场壁垒通过减少跨境交易、降低生产效率、削弱创新、压制竞争的方式对欧盟整体的竞争能力[1]产生负面影响。

迈克尔·波特认为，一个国家的竞争能力主要由四个方面的因素决定，即要素的条件、企业的战略和竞争对手、相关及辅助产业

---

① 依据2001年欧盟委员会竞争力报告中的定义，竞争力主要指："能够为居民提供不断提高的生活水平的能力以及在可持续发展的基础上为欧盟居民提供较高就业率的能力。"具体见 European Commission's 2001 competitiveness report.

的存在、国内需求条件的质量①。体现这四个方面的竞争力指数已经成为普遍应用的用于分析一个国家的宏观经济相对竞争能力的主要手段，此处的分析主要以这四个方面相互联系而又对经济竞争力具有决定性影响的因素为基础。其中，要素的条件主要包括法律和行政管理框架、科学和技术基础设施、信息基础设施、人力资源等；企业的战略和竞争对手主要指竞争的强度和企业自身战略的质量；相关及辅助产业的存在不仅指国内的供给者，也包括来自其他成员国的供给者；国内需求条件的质量主要指来自国内和其他成员国的消费者使企业不断更新产品和服务的压力。

　　首先，就要素的条件而言，一个有效、透明的法律框架对竞争力至关重要。从上述的欧盟内部市场的主要壁垒可以看出，欧盟在《服务指令》出台之前服务领域的法律框架根本无法满足竞争力要求满足的条件。复杂而又不恰当的法规已经成为推动欧盟地下经济（Shadow Economy）发展的主要因素。详细、拖沓、复杂的授权要求会对跨境服务提供者造成额外的成本和沉重的行政管理负担，这会促使跨境服务提供者采取地下交易的形式以绕开这些成本和负担②。这样做的结果不仅会产生分配效率下降和福利损失，而且会有损于欧盟整个服务经济就业的质量。除此之外，欧盟内部服务市场的壁垒和复杂的行政手续阻碍熟练工人和人力资源的有效跨境流动和供给，这有损于影响竞争力的另一类要素条件——人力资源要素。

　　其次，欧盟内部服务市场的壁垒以多种方式对企业战略的质量和竞争对手产生影响。对于想通过建立永久性企业的方式进入其他成员国市场的服务提供者而言，他们有两种方式可以选择：一种是

---

①　Michael Porter. The Global Competitiveness Report 2001 - 2002. World Economic Forum，2002，Oxford University Press.

②　偶然性地向其他成员国提供服务的跨境提供者更有采取这种方式的动机，因为行政手续引发的成本与获得的经济利益不匹配。

通过并购的方式；另一种是通过绿地投资的方式进入市场。由于欧盟的成员国对绿地投资设置了很多法律和行政管理壁垒，使以这种方式进入其他成员国市场的成本增加，直接导致以并购方式进入其他成员国市场的比例增加。尽管跨国并购是非常有效的商业战略，但从竞争的角度看，这种方式对整个经济来讲并不是最佳的选择。原因在于：跨国并购行为的增加会诱发国家层面防御性战略的实施。成员国原有的更熟悉当地法规的企业会极力反对消除现有的壁垒，甚至极力主张建立新的法规性壁垒以阻止外国服务提供者的进入，从而形成"管制俘获"（Regulatory Capture）的风险。

再次，就相关及辅助产业的存在而言，《服务指令》出台之前的欧盟内部服务市场分割的状态使包括制造商在内的服务使用者无法从整个欧盟范围内的服务提供者的典范做法和创新中获益，原因很简单：这些服务提供者无法跨越本国的边界向其他成员国提供服务。这种典范做法无法扩散的事实很好地解释了欧盟范围内相似的服务部门分支的劳动生产率存在很大差异的现象。

最后，欧盟内部服务市场的障碍使当地需求条件的质量下降。消费者对跨境服务缺乏信心，最主要的原因是消费者无法获得有关跨境服务提供者和服务质量的信息，以及必要时如何获得赔偿的信息[1]。此外，《服务指令》出台之前的法规框架在一些情况下阻止服务接受者使用来自其他成员国的服务；在另外一些情况下消费者并不知道有来自其他成员国服务的存在，因为有服务跨境商业宣传的限制。国内服务市场竞争的下降直接导致服务消费者面对的价格升高，这反过来会使消费者的需求下降。

总之，通过上面的分析可以看出，《服务指令》出台之前欧盟内部服务市场的壁垒对决定竞争力的四个方面的因素均产生不利的影响。因此，欧盟如果想要实现里斯本战略的目标——使欧盟成为

---

① 这些问题被认为是欧盟内部服务市场最主要的非法律壁垒，在本章的前面已经有所阐述。

世界上以知识为基础、最具竞争力的经济体，就必须采取措施对法规框架和伴随的非法律措施进行调整。为此，在 2006 年欧盟采纳了《服务指令》，旨在消除所有的内部服务市场壁垒，建设真正的一体化服务市场。该内容将在下一章做详细的阐述，此处略。

3.3.2　对跨境服务企业建立的影响

一些欧盟成员国的服务市场壁垒单一的目的是禁止来自其他成员国的服务提供者从事特定的服务活动。这些壁垒主要包括：对服务提供者以及服务企业的管理者、股东、员工的国籍要求；数量限制，如以人口或地理距离等计算的企业数量限制。

在另外一些情况下，从法律的角度看跨境建立企业是存在可能性的，但服务壁垒的存在使跨境建立服务企业的行为受到阻碍。这种形式的壁垒主要包括以授权和许可程序、通知和公告、需要提供的文件的数量和格式、与大量管理机构接洽引发的复杂性和成本等体现的行政管理负担。例如，由于成员国缺乏关于法律和行政管理要求、登记和授权程序等信息的中心联系点，一个服务提供者需要在每个成员国的企业规划部门额外派一名员工，这个企业一年的这项花费高达 3600000 欧元。

欧盟的企业将行政管理壁垒视为主要的开办服务企业的障碍。服务提供者为了在其他成员国建立企业需要搜集大量的关于需要遵守的规则和程序信息以及如何满足这些相关的程序进行分析的信息，这些搜集信息的工作引发了大量的成本。根据欧盟开展的一项关于服务提供者在本国开办企业的欧洲民意调查（Eurobarometer survey），69% 的被调查者认为行政管理程序太复杂①。

尽管非本国企业对拟投资的成员国的程序和语言并不熟悉，仍

---

① 　详见 Flash Eurobarometer 107 "Entrepreneurship"，November 2001.

需对这些程序进行调查。除此之外，非本国企业遭受的行政拖延和成本也比本国的企业严重。很多中小企业在获得必要的审批、履行其他的行政管理程序时遭受长时间的拖延，最终选择放弃。

对那些没有被禁止或劝退进入其他成员国市场的服务提供者来讲，想要进入市场需要承担大量的遵从成本。这些成本至少包括三项内容：法律搜寻成本、行政管理要求搜寻成本、需要完成的程序和手续的搜寻成本。此外，想要进入其他成员国市场的服务提供者还需承担由于语言和文化差异、商业和消费习惯差异引起的附加成本。由于这些费用发生于商业流程的每个阶段，在整个服务的供给过程中服务提供者承担的该类费用将倍增。

为了获得经营的批准，服务提供者需要满足东道国的各项标准。对于新进入企业来讲，经济需求测试（Economic Needs Tests）是其中负担最重、成本最高的一项要求。经济需求测试的要求有很高的随意性，难于预计。为了成功地进入市场，申请者需要支付证明其进入市场不会导致市场竞争不稳定的详细市场研究费用。

行政管理的复杂性会导致企业建立的延后，或者导致服务提供者减少跨境行为。

服务提供者由于不同的法律和行政管理要求而需要对其经营模式作必要变更。服务提供者需要进行法律咨询以便对东道国法律和行政管理要求如何对其商业模式产生影响进行评估，以获取原有商业模式如何做出相应调整的信息。在欧盟内部服务市场不能使用同样的商业模式的现实阻碍企业利用规模经济的效应，尤其对跨境服务提供者的负面影响更大。

3.3.3 对跨境服务供给和使用的影响

有些成员国规定的法律要求直接禁止跨境服务的提供。典型的这类规定包括：要求服务提供者在向其境内提供服务时必须事先在该成员国境内建立企业。此外，这类要求还包括：禁止没有在成员国建立企业的服务提供者在该成员国建立临时经营场所；禁止个体服务提供者提供服务。例如，有成员国规定导游必须受雇于旅行社，不能以个体的身份提供导游服务，这项规定起到了阻止来自其他成员国的导游以个体身份提供导游服务。

在其他一些情况下，尽管从法律角度看跨境服务提供是可能的，但法律和行政管理要求使这种行为变得十分困难。这些要求使跨境服务提供者承受繁重的负担、高额的成本，有时可以起到劝退的效果（尤其对中小企业来讲）。有些成员国不加区分地将所有应用于在其境内建立的服务企业的要求，全部施加于不想在该国境内建立企业、只想临时性地向该国提供服务的服务提供者。在这样的情况下，来自其他成员国的跨境服务提供者需要遵守该国的授权和其他行政管理程序，往往会付出高额的成本，遭遇行政上的拖延。这种情况尤其对想要开拓邻国市场、只是偶然向该国消费者提供服务的中小企业伤害更大。如果将处理行政程序花费的时间计算在内，中小企业跨境提供服务的成本与其获得的利益不成比例。

在跨境服务提供者没有被禁止或劝退的情况下，跨境服务提供者需要承担非常高的额外成本，使跨境服务提供者提供的服务显得缺乏效率、没有竞争力。和跨境建立企业的服务提供者类似，跨境服务提供者同样需要承担大量的遵从成本。这些遵从成本包括大量法律搜寻的费用，不仅涉及大量的应用于服务接受国的要求信息，而且涉及必要的法律建议以判断服务接受国的哪条规则适用。源自服务接受国不同、有时甚至是自相矛盾的规则的法律不确定性，对跨境服务提供者来讲是主要的成本因素，不利于服务的跨境提供。

同样，跨境服务提供者需要承担为了遵从不同国家的要求而对商业模式进行必要调整的成本。这些成本主要包括：额外担保、存款保证金和保险需要等。

另外一类成本主要指与派遣员工有关的法律和行政管理要求。

这类费用主要涉及服务接受国最低的工作条件和需要履行的行政手续方面的信息搜集支出。

欧盟内部服务市场的障碍除了影响跨境服务提供者之外，也影响服务的使用者（包括商业使用者和消费者）。由于规则的不同及对特定商务服务跨境提供的限制，这类商务服务的使用者或者依赖于本地的供应商，或者在每个成员国建立相同的内部支持和技术服务，不管哪种方式都会使服务的使用者发生成本。

想要使用跨境服务，个体居民同样会受到服务壁垒的影响，这些壁垒或者阻止其使用跨境服务，或者使跨境服务价格升高，失去竞争力。涉及这类壁垒的服务行业分布很广，主要包括：旅游、体育和休闲活动、零售分销、运输、广播和电视服务、教育和职业培训服务、健康服务。以广播为例，免费广播服务被加密以阻止广播公司建立的成员国以外的成员国收听就是典型的阻止成员国居民使用跨境服务的案例。此外，其他成员国的居民从一成员国的优惠关税、服务促销价格中获益，或者成员国的居民需要为其他成员国的服务支付较高的税，或者使用其他成员国的服务不能享受税收减免等是壁垒使跨境服务丧失竞争力的典型案例。

3.3.4 对欧盟整体经济的影响

首先，服务在欧盟的经济中占有非常重要的地位。以《服务指令》未出台之前的 2003 年为例，在欧盟 15 国的经济中，商业服务占 GDP 的 59.4%，如果将公共管理和社会服务包括在内，服务占GDP 的比重高达 77.9%（见图 3.1），足以看出服务在欧盟的经济中占有举足轻重的地位。但实际上，服务业在经济中的作用被低估了，因为服务数据的统计是以第二产业和第三产业的划分为基础的，但这种基本的划分方法已经与时代不相适宜了（Andersen and Corley, 2003）。此外，很多传统的制造业当中存在大量的服务活动。有很多核心业务是制造业的企业却从提供各种各样的服务活动中获得很多收益。

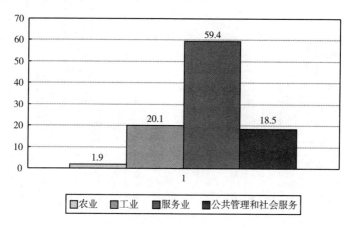

图 3.1　2003 年欧盟 15 国 GDP 的结构

资料来源：欧洲统计局数据库。

其次，从就业情况来看（见图 3.2），2003 年欧盟 15 国制造业的就业人数占总就业的比重为 15.8%。商业服务全体占总就业的比重为 56%，其中，批发和零售贸易、运输、住宿和餐饮的比重为 24.7%；建筑业为 7.3%；信息和通信为 2.9%；金融和保险为 3%；房地产为 0.9%；职业、科学和技术服务以及管理和支持服务为 10.7%；艺术、娱乐休闲和其他服务为 6.5%。如果加上公共管理和社会服务的 23.3%，服务业就业人数占总就业人数的比重将达到 79.3%。以上就业数据从另外一个角度证明了服务在欧盟经济中的重要地位。

最后，服务之间存在着错综复杂的联系，服务提供者几乎在经济链的每个阶段的活动中都与许多服务活动有关联。例如，从企业建立阶段，到使用要素生产、促销、分销、销售，再到售后阶段，零售服务供应商在向制造商提供服务以及向最终的消费者提供服务的过程中，在经济链的每个阶段都会涉及大量的其他服务，如表 3.1 所示。

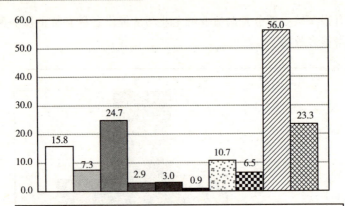

图3.2　2003年欧盟15国的就业结构

资料来源：欧洲统计局数据库。

表3.1　　零售服务供应企业在经济链各阶段使用的服务

企业建立阶段	使用要素生产阶段	促销阶段	分销阶段	销售阶段	售后阶段
法律	法律	法律	法律	法律	法律
管理	保险	广告	交通	税务建议	退货管理
咨询	银行	媒体销售	租赁服务	价格管理	担保服务
税务建议	管理	销售促销	物流服务	消费者数据库管理	客户关系管理
房地产	咨询	赞助式广告	环境和废物管理	支付服务	讨债服务
经纪服务	购买	打印	消费者群体管理	信用服务	环境和废物管理服务
店面设计	物流	网页设计	特许经营策划	发票服务	

续表

企业建立阶段	使用要素生产阶段	促销阶段	分销阶段	销售阶段	售后阶段
建筑	批发贸易	市场调查		会计服务	
建筑设计	交通服务			审计服务	
工程	租赁			租赁服务	
环境和计划	人力资源				
	招聘				
	数据处理				
	存货管理				
	生产管理				
	安全				
	价格管理				
	发票				
	会计服务				

　　由于服务之间存在上述这种相互依赖性，针对一种服务的壁垒会对其他服务产生连锁反应。仍以零售服务为例，一个想在其他的成员国建立企业的零售服务商，自然希望在其他成员国建立企业的过程中使用本国的房地产代理服务、店面设计服务、建筑设计、建筑公司等与其有长期合作关系的服务供应商，这不仅可以使该零售商通过长期合作的关系获得利益，而且还可以使其获得效率提升和规模经济的利益。但是，在其他成员国中有很多壁垒阻碍这些服务向这些成员国提供服务，使该零售商在其他成员国建立企业变得十分复杂，成本升高。

　　由于各种服务之间存在较高的相关性，一个服务部门的壁垒会通过经济链使影响倍增。继续以零售服务为例，该零售商会发现，在使用要素投入时，无法继续使用以前使用的工作代理服务。在促销阶段，经常使用的促销代理公司无法再向其提供促销服务；原来使用的运输公司无法再向其提供分销服务；会计师无法再继续为其设计和核算销售活动。由于这些服务在其经济链的各阶段都存在着障碍，这些服务的跨境提供将十分困难或根本无法提供。在这样的情况下，该零售服务商在其经济链的每个阶段都被迫使用其他成员国的不同服务，这不仅会使其效率降低，而且会导致其成本的上升。

总之，从服务在欧盟经济中的重要地位以及服务之间高度的相互依赖性可以看出，欧盟内部服务市场的壁垒会对欧盟整体的经济产生极大的负面影响。

综上所述，在《服务指令》出台之前，欧盟服务市场存在大量的壁垒，导致欧盟区域内服务市场的分割，距离真正的一体化服务市场有很大的差距。此外，这些壁垒从多个方面对欧盟经济产生了不利的影响，如果不消除这些壁垒，建设欧盟内部服务统一市场的目标将无法实现，进而里斯本战略的目标也将难于实现。为此，欧盟于2004年出台了《服务指令》的提案，2006年采纳了《服务指令》，目标是消除所有的服务市场的壁垒，推进欧盟区域内服务市场的一体化，建成欧盟内部服务统一市场。有关内容将在下一章作详细的阐述。

第 4 章

欧盟区域内服务市场
一体化进程分析

4.1 欧盟内部服务市场一体化基石的确立

4.1.1 部门一体化合作的起步

1950 年 5 月 9 日法国外长罗伯特·舒曼在记者招待会上发表了一项声明，提议把法国和德国的全部煤炭和钢铁的生产置于一个其他欧洲国家都可参加的高级联营机构的管制之下进行联营，这就是"舒曼计划"。选择煤炭和钢铁进行联营的理由在于：煤炭是重要的能源，法国希望在对战败的德国取消歧视性措施后，仍然能够自由地获取来自鲁尔地区的煤炭资源；此外，钢铁是军工生产的必备原料。舒曼指出，煤炭和钢铁的联营将创造真正的联合，使德国和法国之间的战争变得极不可能，缔造真正的世界和平。

对于舒曼主张的煤钢联营，各方的态度是不一样的。美国当时出于遏制苏联的考虑，一直鼓吹"西欧一体化"，主张"西欧经济一体化"、"西欧政治一体化"和"西欧军事一体化"，因此，对"舒曼计划"态度积极。同样，对于法国人提出的主张，欧洲大陆国家的舆论也普遍是支持的。但出于种种担忧，有些国家也持反对的态度，如英国和前苏联等。

尽管各方的态度各异，支持的声音还是成为了主旋律，"舒曼计划"最终成为了现实。1951 年 4 月 18 日，法国、德国、意大利、荷兰、比利时和卢森堡六国在法国的巴黎签署了有效期为 50 年的《欧洲煤钢共同体条约》（也被称为《巴黎条约》）。该条约于 1952 年 7 月 23 日生效，依据该条约的规定，上述六国成立了欧洲煤钢共同体。煤钢共同体的建立开创了欧洲国家进行部门一体化合作的先例，为其他部门谋求类似的合作做出了非常重要的贡献，同时，煤钢共同体也成为欧盟成立的基石。欧洲煤钢共同体已于 2002 年 7 月 23 日并入欧盟的框架下。

4.1.2 部门一体化合作的继续尝试

欧洲煤钢共同体为国家与国家之间进行部门一体化合作树立了典范，使人们一度认为部门一体化合作是最佳的合作形式。继煤炭和钢铁之后，在其他部门，如农业、运输和公共卫生等，进行类似的部门一体化合作被提了出来。由于遭到强烈反对，这些计划最终搁浅。即便如此，原子能部门却独树一帜，成为继煤炭和钢铁之后又一个以部门一体化形式进行合作的部门。

由于能源危机，联合议会（Common Assembly）[1] 建议扩大欧洲煤钢共同体涵盖的范围以包括其他能源。让·莫奈（Jean Monnet）却主张建立一个独立的共同体来促进原子能一体化的进程。于是，路易斯·阿尔芒（Louis Armand）[2] 受命负责调查欧洲原子能的使用情况。在其报告中路易斯指出为了弥补煤炭能源日渐枯竭的缺口以及减少对石油的依赖，发展原子能是必要的。最终，法国等六国在 1957 年 3 月 25 日签署了《欧洲原子能共同体条约》，并

---

① 欧洲议会的前身，当时只是一个咨询机构，没有立法权。
② 欧洲原子能共同体第一任主席。

依据该条约第 9 章的规定，建立了原子能共同体市场。此外，该条约第 93 条规定，对于所有列入附件 1 和附件 2 中的商品，以及那些为了核能必须进出口的商品，在条约生效 1 年后，所有成员应该取消进出口关税和数量限制。

原子能共同体的发展并没有预期的那样顺利，几乎是失败的。原因主要为：第一，来自石油公司降价的威胁；第二，各成员国政府不愿让出更多的权利给超国家机构；第三，在原子能发展模式上法国倾向于大反应堆，而其他国家喜欢铀浓缩，模式之争可以说是导致原子能共同体失败的最主要原因之一；第四，条约本身没有规定工业政策，无法建立实际的原子能共同市场。

4.1.3 服务贸易政策的正式提出

在舒曼计划之后，为了推进欧洲一体化进程，法国又提出了两项一体化建议，即欧洲国防一体化和欧洲政治一体化。由于欧洲政治一体化因法国国会的强烈反对没能通过，加之欧洲国防一体化最终也不了了之，因此，欧洲一体化进程主要立足于经济一体化。

对于采取何种模式推进一体化进程，比荷卢经济联盟（Benelux）和德国主张采取全面共同市场的模式，而法国因历来的贸易保护传统，强烈反对全面共同市场模式，并认为该模式下的一体化任务过于庞大而主张采取部门一体化的模式。最终，让·莫奈主张采取折衷的办法，即让两种模式并行以满足多方的利益。

1955 年 6 月 1 日至 3 日，梅西纳会议（Messina Conference）在意大利召开。会议的主要议题是重启欧洲一体化。由于 1954 年 8 月提出的欧洲国防一体化和欧洲政治一体化的建议已经遭到了彻底失败，六国开始把注意力转向关税同盟①。比荷卢经济联盟国家主张在共同市场和交通和原子能部门一体化的基础上重启欧洲一体化。梅西纳会议的结果基本上反映了比荷卢经济联盟国家的这种主张②（Raymond，1958）。保罗·亨利·斯帕克（Paul-Henri Spaak）被任命为斯帕克委员会（Spaak Committee）主席，负责准备关于建立欧洲共同市场的报告。斯帕克委员会于 1955 年 7 月 9 日开始工作，工作主要围绕两大目标：一为建立共同市场；二为建立以原子能和平利用为基础的共同体。斯帕克报告（Spaak Report）在 1956 年 5 月 29 日至 30 日召开的威尼斯会议（Venice Conference）上获得通过，并作为关于共同市场和原子能共同体的政府间会议（The Intergovernmental Conference on the Common Market and Euratom）讨论的基础。关于共同市场和原子能共同体的政府间会议最终促成了《罗马条约》的签署及欧洲经济共同体和欧洲原子能共同体的建立。欧洲原子能共同体的有关内容在上文已经进行了论述，此处不再累述。下面主要探讨与欧洲经济共同体有关的内容。

　　1957 年 3 月 25 日，比利时、法国、意大利、卢森堡、荷兰和联邦德国签署了《罗马条约》（Treaty of Rome），官方名称为《建立欧洲经济共同体条约》（Treaty Establishing the European Economic Community）。《罗马条约》于 1958 年 1 月 1 日正式生效，依据条约第 1 条的规定，欧洲经济共同体（European Economic Community）宣告成立。欧洲经济共同体的主要目的是：维护和平与自由；提高生活水平和促进成员国之间建立更加紧密的关系；实现经济均衡的发展③。为此，经济共同体需要完成以下三个目标：

---

　　① 　Richard T. Griffiths, "Europe's first constitution：the European Political Community, 1952 – 1954" in Stephen Martin, ed. The Construction of Europe：Essays in Honour of Emile Noël 19（1994）.

　　② 　详见 Benelux memorandum（18 May 1955）

　　③ 　详见 Treaty Establishing the European Economic Community, Article 2.

第一，成员国之间建立关税同盟；

第二，制定共同的农业政策①；

第三，在成员国之间实现人员、服务和资本的自由移动。

1. 关税同盟。关税同盟是共同体的基础，也是欧盟进行全面共同市场建设的重要一环，《罗马条约》的第二部分第一章对关税同盟有详细的规定。内容分为两个部分：第一，成员国之间取消商品移动的关税；第二，建立统一对外的关税壁垒。按照条约第 13 条、14 条的规定，成员国之间应该在 12 年的过渡期内分三个阶段逐步取消现有的进出口关税和起到同等作用的收费，即按照计划，关税同盟应该 1970 年 1 月 1 日建成。实际上，关税同盟的进程要比想象的顺利得多，除了法国与阿尔及利亚的战争使进程小受波折之外，其他的因素都朝着有利的方向发展，1968 年 7 月 1 日，六国之间的关税同盟随着关税的全部取消而宣告建成。关税同盟的成立实现了商品在成员国之间的自由流动，成为经济共同体的重要基石之一。

2. 共同农业政策。《罗马条约》定义的另一个重要目标是在成员国之间实施共同的农业政策（Common Agricultural Policy）。作为共同市场建设的组成部分，成员国之间农产品关税应该取消。然而，由于农场主的政治影响力和农业问题的敏感性，共同农业政策的真正全部实施还有待时日。

即便如此，共同农业政策从制定到生效的过程相对较快。在 1958 年 7 月召开的斯特雷萨会议（Stresa Conference）上六国开始着手制定共同农业政策的基本原则。1960 年欧盟委员会提议制定共同农业政策，其运行机制开始得到六国普遍认可。1962 年欧委会确定了指导共同农业政策的三个基本原则，即市场统一、共同体优先和财政统一的原则。同年，共同农业政策开始生效，自此，共

---

① 详见 Treaty Establishing the European Economic Community，Article 3（a）-（e）.

同农业政策成为欧盟机构系统中的中心元素。

共同农业政策的主要目标是确保农民合理的生活水平、在合理的价格水平下为消费者稳定地供应安全食品，以及确保偏远地区的均衡发展。然而，共同农业政策从诞生之日起就遭到多方利益群体的批评，欧盟委员会不得不承认该政策存在诸多缺点。2007 年 5 月瑞典甚至提出除环保补贴之外的欧盟所有农业补贴均应取消的主张①。事实证明，对欧盟而言，尽管程度有所减弱，共同农业政策领域直到今天仍是较难进行改革的政策领域。

3. 服务贸易政策。欧洲经济共同体一个非常重要的目标是在成员国之间实现资本、服务和人员的自由流动。对于服务的自由流动，《罗马条约》专门有一章对其进行了详细的阐述②。主要内容有：

第一，共同体内部关于服务自由供应的障碍应该在过渡期③内逐步消除。这些有力措施既适用于共同体内部由成员国建立的企业，也同样应该适用于由第三国在共同体内部建立的企业。

第二，某一成员国的服务提供者暂时性地在另一成员国境内提供服务时，应该与当地相同服务提供者享有同等的待遇。

第三，对服务的范围进行了定义。该协定下的服务是指除了与商品、人员和资本自由移动有关措施之外的以获得报酬为目的的服务供应。

第四，自协定生效之日起，对于实际上已经获得自由的服务领域不得使用新的贸易限制措施。

第五，在过渡期第一个阶段结束前，理事会在以一致同意的方式对委员会的提案进行表决和征询经社理事会和联合议会的意见之

---

① "Sweden proposes abolition of farm subsidy". Retrieved 1 November 2007.

② 详见 Treaty establishing the European Economic Community, Article 59 – 66.

③ 按照《建立欧洲经济共同体条约》第 8 条的规定，经济共同体建设有 12 年的过渡期，分三个阶段，每个阶段 4 年。

后，需制定一个总体的计划，目的在于消除共同体内部可能对服务的自由提供起到阻碍作用的措施。为了达到这个目标，该总体计划应该为每一类服务确定一般的条件和完成自由化的阶段。

除了实现服务在共同体内部自由流动的目标外，《罗马条约》把交通运输服务单独列出，并对该方面政策进行了详细阐述。主要内容如下[①]：

第一，协定讨论的交通运输服务仅仅指公路、铁路和内水运输方式下的运输服务；对于海运和航空运输服务，理事会应该以一致同意的方式决定是否、以什么程度和以什么程序制定合适的政策。

第二，共同体的目标是建立共同的交通运输服务政策。为此，理事会在委员会提案的基础上，在征询经社理事会和联合议会的意见之后，在过渡期第二阶段结束前以一致同意的方式，之后以绝对多数的投票表决的方式制定共同体内部的交通运输服务政策以及允许外国运输服务提供者进入共同体提供服务的条件。

第三，在过渡期第二个阶段结束之前，共同体内部所有与运输服务有关的歧视措施都应该消除。这些歧视措施既指运输公司在对相同的货物在相同的条件下进行运输时使用的歧视措施，也指运输公司在对货物进行运输时的费率或条件与本国或目的国不同等的歧视措施。

第四，在共同体内部，除非得到授权，某些措施在过渡期第二个阶段开始前即应该被禁止，这些措施主要指任何与提供运输服务或与运输费率和条件有关的，并且能够对特定企业或行业起到保护和支持的措施。

总之，《罗马条约》、《欧洲煤钢共同体条约》和《欧洲原子能共同体条约》最大的区别在于：《欧洲煤钢共同体条约》和《欧洲原子能共同体条约》主要立足于部门一体化建设，而前者则立足于

---

① 详见 Treaty establishing the European Economic Community，Article74–84.

全面一体化建设。此外,《欧洲煤钢共同体条约》和《欧洲原子能共同体条约》主要涉及有限商品的自由流动,而前者除了将自由流动商品的范围拓展到包括所有的商品之外,还对服务自由流动的政策进行了详细的阐述。这是欧盟在一体化进程中非常重要的突破,说明欧盟成员国之间的合作已经从单纯的货物贸易领域向服务贸易甚至更广的经济领域拓展;同时也是欧盟成员国在签署的条约中首次将服务单独列出,并对其政策进行了详细的规定。因此,《建立欧洲经济共同体条约》可以说是欧盟内部服务贸易政策真正的开端。

4.1.4 服务市场一体化的进一步发展

《罗马条约》对欧盟内部服务市场的贡献不仅仅是将服务作为单独的一章对其政策进行了详细的规定,最为重要的是,确立了欧盟内部服务市场奉行的两个基本原则。

《罗马条约》第 52 条规定,对于一成员国在另一成员国建立企业的行为产生阻碍作用的措施应该在过渡期结束前逐步取消,并且这种逐步取消限制措施的规定应该逐步延伸至在另一成员国建立代理、分公司和附属机构的行为。该条规定成为了欧盟内部服务市场奉行的第一条准则,即企业自由建立的原则(The Freedom of Establishment)。

此外,《罗马条约》第 59 条规定,在共同体内部,服务企业所在的成员国应该在过渡期内逐步消除服务在共同体内部自由提供的障碍。理事会对于委员会的提案应该以一致同意的方式进行表决,并将该协定中与服务有关的措施适用的范围延伸至在共同体内部由第三国建立的企业。该条规定是欧盟内部服务市场的第二个准则,即服务跨境提供的自由(The Freedom to Provide Cross Border Services)。

　　《罗马条约》对欧盟内部服务贸易政策最大的贡献在于确立了欧盟内部服务市场奉行的两个基本自由，但后续条约对《罗马条约》进行了修订，并且改动较大。

　　1965 年 4 月 8 日，法国、德国、意大利、荷兰、比利时和卢森堡六国在比利时首都布鲁塞尔签署了《布鲁塞尔条约》，也叫做《合并条约》（Merger Treaty）。该条约于 1967 年 7 月 1 日生效，将欧洲煤钢共同体、欧洲原子能共同体和欧洲经济共同体三个机构合并，成立欧洲共同体①（European Communities）。

　　1992 年 2 月 7 日，欧共体成员国在荷兰的马斯特里赫特签署了《马斯特里赫特条约》（Maastricht Treaty）②。按照 A 条款的规定，签署协定的成员国之间将成立欧洲联盟。从法律角度讲，欧盟是由三大支柱构成，分别为欧洲共同体（European Community，EC）、共同的外交和安全政策（Common Foreign and Security Policy，CFSP）及司法和内政事务（Justice and Home Affairs，JHA）③。在三大支柱中，由于欧共体继承了欧洲经济共同体的超国家机构，因此，权利最大也最具影响力。欧盟的支柱体系从 1993 年《马斯特里赫特条约》生效开始一直延续到 2009 年《里斯本条约》生效欧盟获得了合并的法人资格而终止。此外，《马约》对《罗马条约》进行了修订，重新命名为《建立欧洲共同体条约》（Treaty establishing the European Community，TEC）④。尽管《建立欧洲共同体条约》对共同体内部服务贸易政策的有关规定进行了微调，但对于欧盟内部服务市场应遵循的"两个基本自由"的内容没有进行调整。

---

①　详见 Merger Treaty，article 24.

②　官方正式名称为《欧洲联盟条约》（the Treaty on European Union or TEU）。

③　"司法和内政事务"（Justice and Home Affairs，JHA）在 2003 年被重新命名为"刑事警察和司法合作"（Police and Judicial Co-operation in Criminal Matters，PJC）。

④　见 Treaty on European Union/Title II：Provisions Amending the Treaty establishing the European Economic Community with a view to establishing the European Community. 将"经济"两字去掉，表明《马斯特里赫特条约》将立足于更广泛的政策领域。

《阿姆斯特丹条约》（Amsterdam Treaty），官方正式名称为《关于修改〈欧洲联盟条约〉、〈建立欧共体条约〉和特定相关法案的阿姆斯特丹条约》（the Treaty of Amsterdam amending, the Treaty of the European Union, the Treaties establishing the European Communities and certain related acts），签署于 1997 年 10 月 2 日，1999 年 5 月 1 日正式生效，它对《马斯特里赫特条约》和《建立欧洲共同体条约》的内容进行了大量修改。其中，第 1 条款（包括 16 个自然段）对《马斯特里赫特条约》的内容进行了修改；第 2 ~ 5 条（包括 70 个自然段）对《建立欧洲共同体条约》、《欧洲煤钢共同体条约》和《欧洲原子能共同体条约》的内容进行了修改。

《阿姆斯特丹条约》着手于简化共同体条约，删除了 50 多个过时条款，并将其余的条款重新进行了编排以使其整体上更具可读性。这其中就包括对欧盟内部服务市场"两个基本自由"的重新编排。企业自由建立的准则由原来的第 52 条重新编排为第 43 条，并将内容修订为：在协定下的任何措施方面，对一个成员国在另外成员国建立企业的自由产生阻碍作用的措施应该被禁止。这种禁止措施也同样应该适用于一成员国在另一成员国建立代理机构、分公司和附属机构的行为。服务自由跨境提供的原则由原来的第 59 条重新编排为第 49 条，并将内容修订为：在协定下的任何措施方面，服务提供者所在国而不是服务消费者所在国对在共同体内部服务自由提供的限制措施应该被禁止。理事会对委员会的建议应该以特定多数的方式进行表决，将本章所有规定的适用范围拓展至第三国在共同体内部建立的服务提供者。

之后，2001 年 2 月 26 日签署的《尼斯条约》（Treaty of Nice）以及 2006 年出版的《欧盟欧洲联盟条约和建立欧共体条约合并本》（European Union—Consolidated Versions of the Treaty on European Union and of the Treaty Establishing the European Community（consolidated text））都对《欧洲联盟条约》和《建立欧洲共同体条约》的

内容进行了修改，但对欧盟内部服务贸易政策的两个核心原则均未做修改。直到《里斯本条约》（Treaty of Lisbon）才再次对内部服务市场的两个核心原则做出修改。

《里斯本条约》最初叫《改革条约》（Reform Treaty），由欧盟成员国签署于 2007 年 12 月 13 日，2009 年 12 月 1 日生效。《里斯本条约》对《马斯特里赫特条约》（也叫做《欧洲联盟条约》）和《建立欧共体条约》（也被叫做《罗马条约》）的内容进行了修改。最终，《罗马条约》被重新命名为《欧盟运行条约》（Treaty on the Functioning of the European Union，TFEU），与修改后的《欧洲联盟条约》一起构成欧盟的基础条约，并具有同等的法律效力①。

《里斯本条约》在很多方面进行了变革，如在一些政策领域由特定多数的表决程序取代一致同意的表决程序；在普通立法程序中赋予欧洲议会更大的权利，使其与部长理事会一起成为立法者；赋予欧盟合并的法人资格；等等。同时，《里斯本条约》对欧盟内部服务贸易政策的两个核心准则也进行了修改和重新编排。企业自由建立的准则由原来的第 43 条重新编排为第 49 条，内容没有进行修改。服务自由跨境提供的原则由第 49 条调整为第 56 条，对条款的第一段内容没有进行修改，将第二段修改如下：欧洲议会和部长理事会可以普通立法程序将本章的规定适用范围延伸至第三国在欧盟建立的服务提供者。

总之，随着欧盟一体化进程的推进、成员国数量的增加，欧盟不断签署新的协定，并对原有的协定进行了合并和修改，但依然没有动摇"两个基本自由"在欧盟内部服务贸易政策中的核心地位。企业自由建立的准则能够让经营者（个人或公司）可以以连续、稳定的方式在一个或多个成员国从事经营活动；服务自由提供的原则允许一个成员国的服务提供者可以临时向其他成员国的服务消费者

---

① 详见 Consolidated version of the Treaty on the Functioning of the European Union2008，article 1.

提供服务，而不必在当地建立经营场所。

4.2 欧盟区域内服务市场一体化的启动

4.2.1 欧共体启动服务市场一体化的历史背景

《罗马条约》自生效之日起就设想建立共同市场，实现商品、人员、资本和服务的自由流动。《罗马条约》在运行初期取得了骄人的成绩，一是在过渡期结束前一年半在成员之间建成了关税同盟；二是在1977年理事会以一致同意的方式采纳了第六个增值税指令。然而，从20世纪80年代的经济衰退开始，由于丧失信心，欧共体失去了进一步发展的动力。

《罗马条约》明确规定，共同市场不仅要消除成员国之间阻碍商品自由流动的关税壁垒，同时也要取消数量限制和其他所有具有同等作用的措施。最初，共同体认为非关税壁垒与关税壁垒相比作用有限，然而自经济衰退以来，非关税壁垒的数量成倍增长，每个成员国都愿基于短期利益对贸易进行保护。这些保护措施不仅针对第三国，而且也针对成员国。同时，各成员政府也动用财政支持和政府采购等手段对本国的市场和产业进行保护，甚至对一些没有发展前景的公司进行保护。《罗马条约》对内部的服务市场也有明确的规定：共同体内自由提供服务的障碍应该在过渡期内逐步消除。但实际的结果是，这些阻碍服务自由提供的障碍并没有被消除，甚至在某些重要的领域根本就没有执行这些规定。

就共同体内部的服务贸易政策而言，《罗马条约》第59条和62条对服务在共同体内部自由提供的原则进行了规定，虽然依照规定在过渡期结束后共同体就应该执行这样的服务贸易政策，但在相当长的一段时间内，共同体的企业和个人却没有真正享受到这种自由，导致共同体内部服务市场统一进程相对缓慢。其主要原因有两个：第一，共同体的成员国在相当长的时间内没有认识到在服务部门展开合作能够带来的共同利益；第二，在过去的很长一段时间，许多服务都是由企业自己提供的，并没有形成专门的服务企业。

这种状况在 20 世纪 80 年代初期发生了逆转。大量的专门服务企业不断地涌现，加之新的服务类型不断诞生，人们逐渐认识到服务部门对就业和经济发展起到了非常重要的作用。1982 年，欧共体内部市场服务和非市场服务对经济增加值的贡献率为 57%，而工业的贡献率不足 26%，服务部门对欧共体经济的作用越来越大。此外，通过对比欧共体 1982 年与 1973 年的行业就业数据发现，工业部门的就业比例呈稳定的下降趋势，这种趋势在 1979~1980 年后更为明显，呈加速发展的态势。反观服务部门，却在同期创造了超过 500 万个就业岗位，成为促进欧共体就业的重要部门。然而，500 万这个数字无论是与美国同期的 1340 万还是与日本同期的 670 万相比，都显得太少①。上述种种现象使欧共体认识到，如果欧共体不马上采取行动力促内部服务市场的统一，就会被其竞争对手远远甩在身后。

正是基于这种共识，在 1982 年的理事会哥本哈根会议上，共同体成员国政府首脑宣布将完成内部市场作为第一要务。在 1984 年 6 月的枫丹白露会议、1984 年 12 月的都柏林会议和 1985 年的布鲁塞尔会议上，成员国均重申了 1982 年的哥本哈根共识。最终在 1985 年 6 月 14 日欧共体委员会正式向理事会递交了《完成内部市场白皮书》，并得到了理事会的批准。《完成内部市场白皮书》指出，为了统一由 3.2 亿人口构成的市场，成员国应该取消各种各样

---

① EU Comission. Completing the Internal Market: White Paper from the Commission to the European Council [R]. EU Comission, 1985: 25-30.

的障碍、协调各种规则、优化立法和税收框架，以及加强彼此之间的货币合作。同时，委员会提请理事会宣誓于 1992 年年底前完成建立完全的统一市场，并制定一个切实可行的、有时间约束的计划。

为了完成《完成内部市场白皮书》的目标，在德洛尔委员会的策动下，欧共体在 1986 年 12 月 17 日和 1986 年 12 月 28 日分别在卢森堡和海牙签署了《单一欧洲法令》，并于 1987 年 7 月 1 日生效。《单一欧洲法令》是欧共体历史上第一次对 1957 年《罗马条约》的内容进行重大修改。《法令》的宗旨是在 1992 年年底前在共同体内部建立单一市场。为了实现这一目标，《单一欧洲法令》改变了立法程序：一是引入了新的立法程序——合作程序（Cooperation Procedure）①；二是扩大了以特定多数方式表决立法的使用范围。除此之外，《单一欧洲法令》也旨在减少阻碍，促进成员国之间的竞争，优化资源在共同体内的配置。

4.2.2 《完成内部市场白皮书》和《单一欧洲法令》中关于服务市场一体化的政策

4.2.2.1 《完成内部市场白皮书》中关于服务市场一体化的政策

《完成内部市场白皮书》对欧共体服务市场一体化的建设制定了规划，并将服务市场一体化的建设规划分为传统服务和新兴服务

---

① 合作程序，原来叫做 252 条程序，在《阿姆斯特丹条约》生效之前是欧共体主要的立法程序之一。《阿姆斯特丹条约》生效后，合作程序虽然被保留，但仅适用于有限的领域。2009 年《里斯本条约》生效之后，该程序最终被废除。《单一欧洲法令》引入的合作程序标志着欧洲议会权力的真正提升向前迈出了重要一步。在合作程序框架下，理事会在获得欧洲议会支持的情况下，可以以特定多数的表决方式通过欧委会的立法提案。同样，理事会可以以一致同意的方式驳回欧洲议会对立法提案的否决。

两部分进行阐述①。传统服务主要包括银行、保险和运输三个部门。新兴服务主要指由于技术的发展而产生的服务，如视听服务、信息和数据处理服务等。欧共体对服务市场一体化寄予了很高的期望，希望其在共同体经济多年停滞不前的背景下，能够成为促进共同体经济增长的新引擎。

1. 传统服务市场一体化的政策。对欧共体服务市场一体化建设最为重要的是实现传统服务部门的一体化，也就是实现金融和运输两大服务部门的一体化，其中，金融服务部门的一体化是重中之重。金融服务与资本移动相关，如能实现自由化，必将推动共同体金融一体化的进程，拓展共同体内部市场的范围。

（1）金融服务市场一体化的政策。技术的发展使金融产品的自由移动变得越来越容易，采取相应措施促进金融产品在共同体内部自由交换也逐渐成为可能。因此，欧委会提议，从最小的规则协调手段开始②，成员国应该相互承认彼此的金融管理手段以捍卫公众的利益。这种规则协调措施，尤其在涉及对现行金融运行的监管时，应该以"母国控制"（Home Country Control）为基本的指导原则。这意味着，共同体把对金融机构进行监管这一基本的职责赋予了金融机构的母国的主管当局。为了实现金融监管，各成员国主管当局需要就所有必要的信息进行沟通。并且，在此情况下，作为金融服务终点国家的主管当局并不是被剥夺了所有对金融机构监管的权力，而是肩负对外来金融机构进行辅助管理的职责。此外，成员国应该就金融监管标准进行最低程度的协调。上述这些基本的原则适用于信贷机构（主要指银行）、保险和证券三大金融行业。

信贷机构对这些基本原则的执行主要体现在以下四个方面。

---

① EU Comission. Completing the Internal Market: White Paper from the Commission to the European Council [R]. EU Comission, 1985: 31 - 34.

② 这里的规则主要指金融授权、金融监管、金融企业的重组和解体等金融管理手段。

第一，信贷机构必须彻底协调：保持金融稳定的标准；诸如储备金率、偿债率和流动性比率等必须使用的管理原则。

第二，第四个和第七个公司法指令中有关年度账目和记账的规则适用于信贷机构。

第三，协调信贷机构为了进入市场必须达到的条件，以及为了应对危机而采取的重组和解体等措施。

第四，各成员国应该相互认可彼此抵押信贷机构使用的金融技术以及对这些机构进行监管的规则。

就保险企业而言，为了促进自由建立原则的实施，于1973年采纳的非寿险指令和1979年采纳的寿险指令已经对保险公司的监管和金融稳定的规则与实践进行了协调。除此之外，各成员国的保险行业监管机构之间的紧密合作已经存在了很长时间。尤其是1960年5月11日采纳的指令有效地促进了与各种形式保险业务有关的保险金和赔偿金的自由流动，此后，保险服务的自由跨境移动没有出现任何无法解决的问题。然而，需要着重指出的是，旨在促进非寿险服务自由跨境移动指令在当时并没有被理事会采纳。

就证券行业而言，共同体对适用于可转让证券集合投资计划（Undertaking for Collective Investment in Transferable Securities, UCITS）的规则进行了协调，目的是对投资者提供平等的保护。一个可转让证券集合投资计划，一旦获得母国官方机构的批准，就可以自由地在共同体范围内销售证券，而不再受到其他规则的束缚。对证券类金融产品保护的协调充分体现了"相互认可"（Mutual Recognition）的基本原则。

除了可转让证券集合投资计划，为了确保证券市场以有利于投资者利益的方式运作，共同体也做了大量其他的工作。以证券交易所为基础，共同体准备创建欧洲证券市场体系。欧洲证券市场体系的构建可以消除证券交易所之间的障碍，创造一个覆盖整个共同体的证券交易市场体系。构建欧洲证券市场体系的主要做法是将证券交易所电子化相连。这种电子连接将有助于大幅度地提升共同体证券交易市场的流动性和深度，同时还可以提升整体竞争力，使其在共同体之外的证券市场和场外市场竞争中均处于优势地位。

（2）运输服务市场一体化的政策。在共同体内部自由地提供运输服务是《罗马条约》着力创建的共同运输政策中非常重要的组成部分，加之运输服务创造的价值占共同体 GDP 的比重高达 7%[①]，因此，在运输服务部门创建自由市场必将产生非常好的经济和贸易效果。但由于欧洲议会发起的控诉理事会不执行共同运输政策案（Case 13/83），共同体认识到必须要采取相应的措施来推进运输服务的市场建设。主要措施包括：

第一，成员国之间用于公路货物运输的配额应该逐步取消，直至彻底消除；此外，应创造条件使一成员国的运输公司可以在另外一个成员国境内提供运输服务。上述两个目标最迟于 1988 年实现。

第二，首次提出公路客运服务的自由提供的目标，将于 1989 年实现。

第三，首次提及成员国之间内水货物运输服务的自由提供；此外，提出成员国应创造条件使某一运输公司可以在另一成员国境内提供内水运输服务。两项措施应于 1989 年生效。

第四，尽管很难在短时间内消除所有限制，共同体依然提出最迟于 1986 年年底前实现在成员国之间自由提供海洋运输服务的目标。

第五，提出成员国应于 1987 年最大限度地实现成员国之间的航空运输服务的自由提供。措施主要涉及对交通权批准系统的变更，以及减少政府对运输能力和市场准入干预的权力。

2. 新兴服务市场一体化的政策内容。新技术的发展导致了新的跨境服务的产生和发展，这些新兴服务在经济中发挥着越来越重

---

① 　共同体 1985 年的数据。

要的作用。然而，只有一个大的、没有阻碍的市场才能使这些新兴服务充分发挥它们的潜力。为此，共同体为促进新兴服务市场一体化制定了相应的政策。

第一，欧委会指出，为了建立一个覆盖共同体全境的无障碍的自由市场，必须建立一套统一的电信标准，并以此为基础构建合适的电信网络。

第二，对于视听服务，共同体的目标是寻求建立一个单一共同体广播区域。广播业是通信产业一个非常重要的组成部分，快速地发展使该产业成为共同体一个非常关键的产业，并将对共同体产业的竞争力产生决定性的影响。为了与欧共体建立共同服务市场目标相一致，所有提供广播服务和转播服务的企业以及所有接受该项服务的消费者，都应该在共同体范围内提供和消费广播服务。

由于广播服务大都是在成员国本国的范围内产生和发展起来的，因此，建立共同体内部统一的广播服务区域存在着各种现实和潜在的障碍。这些障碍主要包括各成员国对广播节目可以播放广告时间长短不同的限制，以及播放作品的著作权和经授权允许节目在各成员国进行转播的权利等。为了建立广播业共同市场，应该以1985 年 5 月欧委会采纳的绿皮书为基础，采取一些必要的措施。作为实现这一目标的第一步，欧委会将于 1985 年递交提案，并由理事会在 1987 年之前做出决定。

第三，由于新技术的不断使用，信息市场也经历了影响深远的变革。信息本身和信息服务日益成为被广泛交易、有价值的商品。信息对工商业而言，已经和传统的生产要素同等重要。因此，信息市场的开放越来越重要。此外，其他商品市场功能的发挥也严重依赖于信息的流通和对信息的获得。

在《完成内部市场白皮书》之前，信息市场主要由理事会于1981 年 7 月 21 日和 1984 年 11 月 27 日采纳的一系列计划进行管辖。然而，如果想要达到令人满意的内部市场的程度，这些计划是不够的，还有很多工作需要做。《完成内部市场白皮书》指出，如果获得了理事会的认可，共同体应该就信息市场建立一个共同的政策和战略，并且所有的规则和条件应该公开、透明。完成该项计划的第一步是欧委会就该问题发布一个讨论稿，并且于1985～1987年间递交一个合适的提案和指令作为跟进措施。

第四，销售和分销系统与信息市场一样，也经历了彻底的技术变革。当时的家庭可视图文系统（Home Videotex）已经实现了从制造业直接订货，这不仅是对传统分销渠道的改革，同时也极大提高了市场的透明度。但新技术的使用同样也引发了人们对如何在新形势下就消费者利益进行保护问题的担忧。为此，《完成内部市场白皮书》指出，在使用新销售和分销系统的同时，应逐步加强对消费者利益的保护。

第五，电子银行服务技术不断升级，新的存储支付卡将逐步取代支票和信用卡。尽管在当时成员国之间已经就使用信用卡设备的兼容性签有协议，却没有关于类似生产新卡的设备的兼容性的协议。因此，欧委会提出，应该对生产新支付卡的设备制定共同的技术标准。此外，在不违反竞争法的前提下，应该促进欧洲范围内银行、贸易商、生产商和消费者就系统、网络和规则的兼容性达成协议。

4.2.2.2 《单一欧洲法令》中关于服务市场一体化的政策

20世纪80年代，欧共体经济缺乏活力，成员国之间缺乏真正的贸易活动。政商界要员希望协调成员国之间的法律以解决各国在政策上的差异。1985年雅克·德洛尔出任欧委会主席，在他的主导下，欧共体的经济重新焕发了活力。

《单一欧洲法令》于1986年12月17日及1986年12月28日分别在卢森堡和海牙签署，1987年7月1日正式生效。《单一欧洲法令》是欧盟历史上第一次对欧共体条约，即1951年的《巴黎条约》

和1957年的《罗马条约》的内容进行修改。

雅克·德洛尔总结出《单一欧洲法令》的目标应该体现在：建成无边界的统一大市场；成员国进行更加紧密的经济和社会方面的合作；成员国制定共同的科研和技术政策；成员国加强欧洲货币体系建设；成员国开始社会领域的合作；欧共体成为环保领域的重要参与者。

与以往的欧共体条约相比，《单一欧洲法令》主要带来了以下五个方面的变化：

第一，进行机构改革，批准欧洲理事会定期举行各成员国首脑会议①，用于进行重要的政治磋商和制定重要的战略；欧洲议会的权利小幅提升。

第二，采取措施在1992年12月31日前逐步建成共同市场，实现在共同体区域内商品、人员、服务和资本的无障碍自由流动，这些措施包括282个具体的措施，如能顺利实施，共同市场将成为现实。

第三，协调各成员国的货币政策，促进共同体向经济和货币联盟的目标迈进。

第四，促进共同体在更多领域进行一体化合作，包括社会权利（如健康和工人安全）、科研和技术、环境保护等。

第五，成立基金，如欧洲农业指导和保证基金（Agricultural Guidance and Guarantee Fund，EAGGF）、欧洲区域发展基金（European Regional Development Fund，ERDF）和欧洲社会基金（European Social Fund，ESF）等，促进成员国之间实现更加紧密的经济和社会合作。

总之，《单一欧洲法令》对服务市场设定的目标是在1992年

---

① 1974年，在法国前总统德斯坦的提议下，欧洲理事会宣布成立，当时被称为欧洲经济体首脑会议。欧洲理事会通常每年召开两次会议。在特殊情况下，欧洲理事会轮值主席国有权在本国召开欧盟领导人非正式会议。

12 月 31 日前消除所有的障碍，实现共同体区域内服务的自由流动，形成服务共同市场。

除了设定总体的目标，《单一欧洲法令》对规定内部服务市场基本原则的条款也做出了调整。《单一欧洲法令》的一个明显变化是对立法程序进行变革，即在扩大以特定多数表决方式立法使用范围的同时，引入了新的立法程序——合作程序，有效地缩短了立法过程。同时，《单一欧洲法令》以立法程序变革为基础，对与服务政策有关的条款内容进行了调整：将《建立经济共同体条约》第59 条①第 2 段中"经一致同意"改为"以特定多数"，这一改变使成员国之间的服务自由跨境提供变得相对容易了。

4.3　里斯本战略：对欧盟服务市场一体化障碍的清除

4.3.1　1986～1992 年：通往欧盟统一市场之路

1986～1992 年，为了完成建立统一市场的目标，欧盟采纳了将近 280 项立法用于打开各成员国封闭的市场。在很多领域，成员国的本国规则逐步被欧盟共同的规则所取代，这极大地降低了企业在联盟内经销商品的成本和复杂度。在其他的领域，为了避免不断采纳新法律的麻烦，成员国同意给予其他成员国的法律和技术标准与国内相同的效力②。

---

①　《建立经济共同体条约》第 59 条规定了服务内部市场的两条核心原则中的"服务自由跨境提供"原则。

②　体现的是欧盟的"相互认可"准则，主要指成员国可以自由选择其喜欢的生产标准，且在通常情况下（除非能够证明情况紧急），不能阻止用其他成员国生产标准生产的商品向本国进口。

经过多方努力，欧盟的统一大市场目标终于在 1992 年年底成为了现实。统一大市场的建立简化了现有的规则，使欧盟中的每一个人、每一个消费者和每一家企业都可以直接进入欧盟的市场，并充分利用市场赋予的机会。欧盟统一大市场的基础是通常所说的"四大自由"，即商品、人员、服务和资本在欧盟内部实现自由移动，其相关政策主要体现在共同体的条约当中，并成为欧盟统一大市场的框架基础。

总而言之，统一市场的建立促进了欧盟经济的发展，以第一个统一市场计划的 10 年为例，仅壁垒消除一项就创造了至少 250 万个新工作；内部市场为欧盟额外创造了 9000 亿欧元的财富，平均每个家庭 6000 欧元；依靠内部市场，欧盟企业的竞争力增强了，开拓了更多的海外市场；商品价格下降了，消费者可选择的商品的种类和质量都有了大幅度的提升。

4.3.2 里斯本战略：服务内部市场战略的启动

如前所述，对服务内部市场进行管理的两条基本原则（"企业自由建立原则"和"服务自由提供原则"）已经写在共同体的条约中。这两条基本原则，既能够保证欧盟的企业可以在其他成员国境内自由地建立企业，又能够保证欧盟的服务提供者可以自由地在其他成员国境内提供服务。

欧洲法院（the European Court of Justice）的判例法（case law）使服务内部市场的两条基本原则变得更加明晰并与时俱进。除此之外，特定领域，如金融服务、运输服务、电信服务、广播服务和职业资格的认可等领域的专门立法也大大推进了欧盟内部服务贸易的发展。

然而，尽管在一些服务部门内部市场获得了较好的发展，但就总体而言，内部市场的发展依然存在着各种障碍，并没有达到预想的程度。为此，欧盟领导人在 2000 年 3 月召开了里斯本峰会，制定了"里斯本战略"。"里斯本战略"围绕经济发展、就业、科研教育等多方面问题，总共制定了 28 个主要目标和 120 个次目标，其中，最主要的两个目标为：增加科研投入，用 10 年的时间使欧盟成为世界上最具竞争力和充满活力、以知识为基础的经济体；增加就业机会，使欧盟成为更具社会凝聚力和可持续发展的经济体。欧盟内部市场委员博克斯坦（Bolkestein）曾经说过："欧洲的服务部门为增长、竞争力和就业提供了非常大的潜力，如果欧盟服务部门的就业率能够达到和美国相同的程度，欧盟将能够创造 3600 万个新工作。"因此，只有将影响服务自由移动的不合理障碍消除，提高服务产业的质量和竞争力，才能最终推动欧盟经济的持续发展。依据该目标，欧委会提请理事会和欧洲议会于 2000 年 12 月 29 日签署了《服务内部市场战略》（A Internal Market Strategy for Service）。

1. 《服务内部市场战略》的基本原则。《服务内部市场战略》的总体原则为：充分利用服务经济发展所带来的机会，所有的服务提供者（尤其是中小企业）以及他们的消费者都必须彻底纠正那种一谈到市场就首先考虑国内市场而后才考虑联盟大市场的思维模式。该战略的五个基本原则具体如下。

（1）广泛性。新战略应该涵盖所有的服务部门。战略应该确保正在制定过程中的单个服务部门的立法能够尽快地完成，同时确保这些部门立法的连贯性和与总体服务战略的一致性。此外，战略应该改变过去那种对特定问题在特定服务部门进行单独处理的模式。

（2）一致性。战略应确保跨境服务提供如同境内服务提供一样，可以在联盟境内无界限、自由的进行。一个真正的内部市场应该建立在有效利用共同体条约设定的两个自由、相互认可和比例测试①的基础之上，那些对跨境服务产生阻碍作用的规则、毫无意义

---

① 比例测试是指必须保证服务提供者负担的成本与其规模成比例，如果成本高于企业规模所能承受的比例，就会阻止其提供服务。

的管理要求和法律条款应该被适时地取消。

（3）收益性。战略应确保生产者和消费者都能够从统一的内部市场中获得收益。一个真正的服务内部市场应该是有效且具有活力的市场。因此，应该加强跨境投诉、争端解决、补偿和强制执行等系统的建设，此外，为了使消费者对跨境服务更有信心，应该建立相应的机制对消费者的健康和安全提供高度的保护。

（4）与时俱进性。服务经济总是处于不断地变化之中，并不断对新的冲击产生反应。因此，各成员国的法律和管理规则也需不断调整更新以适应经济的变化。但这种更新应充分考虑内部统一市场的建立与发展，不能以产生新的内部市场的壁垒为代价。

（5）协调性。共同体的政策之间必须彼此相互加强。服务战略需要强有力地执行共同体的竞争政策作为伴随政策。除此之外，欧盟委员会已经承诺对所有服务部门的税收规则进行一次彻底的审查。其他的欧盟措施，如对关税措施的重建、现代化和协调以及对电子沟通网络和服务新规则框架的提案等，充分体现了欧盟有着丰富的手段和措施来打造一个世界级的服务经济。

2.《服务内部市场战略》的实施。《服务内部市场战略》是一个分两个阶段实施的战略。第一阶段于2001年实施，在此阶段，欧委会将采取措施加速一些特定问题领域立法提案的发起，分析现存的所有阻碍服务自由跨境移动的壁垒，以及在必要的情况下寻求建立违反处置程序。第二阶段于2002年发起实施，欧委会将制定明确的时间表以要求成员国取消特定的壁垒，制定非立法配套措施（即行为准则），以及在必要的情况下协调服务供应的规则。下面就两个阶段应采取的措施做详细的阐述。

（1）第一个阶段：2001年采取的措施。第一，在12个月内，欧委会将对特定领域发起一系列立法和非立法提案，涉及的领域主要为：商务沟通领域，尤其是促销、职业监管（主要涉及资格的认可）、金融服务和电子商务等。

第二，欧委会对所有现存的有关服务自由移动的指令进行重新审查。

第三，制定一些非立法配套措施，不断提高服务贸易数据的统计水平、服务业的技术水平，以及服务提供企业的创新能力等。

第四，提请理事会和欧洲议会批准一些重要的、对服务业产生重要影响的内部市场提案，这些提案包括：关于金融服务远距离营销的指令、电信包、两个政府采购指令、邮政服务业指令、信息社会关于版权的指令、关于欧盟会计战略的立法跟进、关于收购的指令和关于在线服务增值税的指令等。

第五，由于经济部门之间的复杂相关性，仅仅采取上述四个方面的措施对于创建一个真正的服务内部市场是远远不够的。因此，欧委会决定对所有现存的服务自由移动的壁垒及其产生的跨经济部门的溢出效应进行全面、系统的分析，这是自 1962 年①以来首次进行此方面的工作。根据要求，欧委会将对商务流程六个阶段中的所有规则和实践进行全面的分析（结果如表 4.1 所示）。这种分析将对不同规则和管理实践如何会成为服务自由跨境提供的壁垒，以及该种壁垒如何阻止一种成功的商业模式向其他欧盟成员国推广等问题进行评估。这些分析的结果主要用于：

第一，确定关键领域，在该领域加速制定违反处置程序；

第二，进一步加强欧委会与商业团体和市民进行对话的网络平台的建设；

第三，为成员国的高级专家和利益群体组成的论坛讨论解决问题提供依据；

第四，作为第二个阶段采取措施的基础，编撰一份关于服务内部市场运行状况的报告，并递交理事会和欧洲议会。

---

① The General Programme for the suppression of restrictions to the freedom of establishment and free provision of services, Official Journal number 2 of 15 January 1962

表4.1 分阶段服务贸易壁垒分析

阶段	1	2	3	4	5	6
从事的主要活动	服务企业的建立	要素的使用	服务的促销	分销	销售产出	售后服务
形成壁垒的主要因素	例如，建立企业的条件和实践方面的差异；在一成员国境内提供服务的授权要求；关于提供服务必须建立实际的经营场所的要求；关于职业资格认证的条件等。					

阶段	1	2	3	4	5	6
从事的主要活动	服务企业的建立	要素的使用	服务的促销	分销	销售产出	售后服务
形成壁垒的主要因素	例如，招募劳务的条件和实践方面的差异；关于本地技能可获得性的跨境信息；对金融服务的使用；基金服务的规定；商业服务和职业服务的市场准入差异；公共服务机构对投入要素的跨境采购等。					

阶段	1	2	3	4	5	6
从事的主要活动	服务企业的建立	要素的使用	服务的促销	分销	销售产出	售后服务
形成壁垒的主要因素	例如，企业如何利用服务提高产品知名度的差异，主要涉及广告、促销和公关等商务沟通手段等。					

阶段	1	2	3	4	5	6
从事的主要活动	服务企业的建立	要素的使用	服务的促销	分销	销售产出	售后服务
形成壁垒的主要因素	例如，物流、仓储、邮政服务、宅急送和零售贸易条件方面的差异；对运送系统缺乏信心而导致的壁垒等。					

续表

阶段	1	2	3	4	5	6
从事的主要活动	服务企业的建立	要素的使用	服务的促销	分销	销售产出	售后服务
形成壁垒的主要因素	例如,对产品定价的要求产业;间接税系统的差异;支付系统、发票系统差异;产品所引发健康和安全的问题等。					

阶段	1	2	3	4	5	6
从事的主要活动	服务企业的建立	要素的使用	服务的促销	分销	销售产出	售后服务
形成壁垒的主要因素	例如,对消费者投诉处理方面的差异;额外的司法补偿机制和跨境的司法补偿机制等。					

（2）第二个阶段：2002 年采取的措施。在第一个阶段进行分析和采取措施的基础上，第二个阶段进一步发起一系列提案。这些提案涉及三个方面：第一，通过直接应用共同体条约处理壁垒；第二，采取非立法措施处理非立法壁垒；第三，利用协调机制消除残余壁垒。

① 直接应用共同体条约消除壁垒。即直接使用"企业自由建立"的原则和"服务自由提供"的原则消除壁垒。对于能够直接应用两个基本原则予以消除而又缺乏违反原则的处置程序的壁垒，欧委会编撰一份报告①，对这些壁垒进行全面、系统的分析。这份报告将与要求各成员国必须在规定的时间消除壁垒的时间表一起递交各成员国。对于已经建立违反处置程序的壁垒，共同体将进一步

---

① REPORT FROM THE COMMISSION TO THE COUNCIL AND THE EUROPEAN PARLIAMENT ON THE STATE OF THE INTERNAL MARKET FOR SERVICES, COM（2002）441 final.

寻求优化该违反处置程序的方法用于消除此类壁垒。

② 制定一系列非立法措施消除非立法壁垒。非立法壁垒在现实中成为影响内部市场正常运转的重要障碍，因此，应该建立非立法机制用于消除这些非立法壁垒。如果时机成熟，欧委会将制定一套非立法措施，并邀请利益相关方对其进行进一步完善。对于这些措施，欧委会会递交专门的立法提案，这些提案包括共同体行为准则、可选择性争端解决机制以及其他旨在促进信息流动的措施。

③ 建立协调机制用于解决残留的壁垒。应该建立协调机制用于消除任何残存的壁垒，这种协调机制必须与其他的共同体政策保持一致，并能够对大众的利益提供高度的保护。如果壁垒被确认为是水平的壁垒①，则应该使用水平的立法工具去消除。这些水平的工具应该包含如下要素：

第一，拟建立的协调机制能够影响多个部门，且能够在服务部门之间起到连锁反应。同时，该协调机制还应建立在对大众的利益进行高度保护的基础之上。

第二，拟建立的机制应该能够确保内部市场可以被欧盟所有的服务提供者使用，并且达到和国内市场同等的效果。为此，共同体应该有效地执行相互认可的原则。

第三，拟建立的机制应该能够应对新市场的发展和法律的变化，避免内部市场重新分裂。

对于某些立法壁垒，如果不能够用这样的水平工具予以消除，则应该使用附加的协调措施予以消除。根据以往的经验，这些附加的协调措施更适合于和健康高度相关以及对消费者进行保护的领域。

---

① 指同时适用于多个服务部门，并对其他服务的供给产生重要影响的壁垒。

4.4　《服务指令》（Services Directive）：完成服务内部市场的构建

4.4.1　发布《服务指令》的必要性

服务业对欧盟经济的发展非常重要，服务业创造的新增价值占欧盟 28 国经济总量的 70% 左右。此外，服务业也是欧盟吸收国外直接投资最多的产业，以 2008 年为例，服务业吸收的 FDI 占所有产业吸收 FDI 总额的 57%。同时，95% 的新就业岗位来自服务部门。

然而，欧盟服务市场仍然没有实现真正的一体化。最能说明问题的是，欧盟内部的服务交易仅有 20% 是通过跨境交易来完成的，欧盟服务市场以国家为界限的现实导致服务业生产效率低下。尽管欧元区制造业的生产效率与美国相比已经相差无几，但服务业的生产效率与美国相比却有 30% 的差距。

4.4.2　《服务指令》拟解决的问题

对服务提供者而言，在另一成员国建立企业或提供服务是一种负担，因为成员国之间的行政壁垒会增加其生产和法律咨询的成本。对于中小企业而言，这种成本负担更是无法逾越。结果是服务的接受者，包括消费者进行选择的机会越来越少，支付的价格却越来越高。

1. 服务提供者的困难。对于服务提供者而言，建立企业困难重重，尤其是在其他成员国建立企业时，这些障碍更是突出。

首先，企业在获得所有必要的许可和批准文件之前不得不等上数月，甚至是数年。有时，企业的申请甚至根本就没有获得任何的答复。

其次，即便新企业的进入能够为消费者提供更多的选择机会和高质量的服务，一些成员国仍要求企业进行经济需求测试[①]（Economic Needs Test）以表明新企业的建立不会破坏当地的竞争。经济需求测试不仅为武断的决策留下了空间，同时增加了企业的经营成本。

最后，企业要想在另一成员国建立企业会面临很多困难，而且必须支付为获得法律和行政手续而产生的高额成本。例如，在其他成员国建立企业所发生的搜集必要信息的直接成本就高达 8 万 ~ 16 万欧元。

同样，服务提供者在欧盟其他成员国临时或偶然提供服务时，也面临各种困难。

首先，必要信息的搜集所产生的成本较高。例如，一家工程公司为了向其他两个成员国提供服务，不得不花费占年营业额 3% 的费用用于调查这两个成员国不同的法律要求。一家电子硬件服务公司为了弄清在五个成员国的申请规则，不得不支付高达 10 万欧元的外部法律咨询费用。这对服务的自由提供产生了很大的阻碍作用。

其次，很多成员国对其他国家建立企业设立了较高的准入门槛，造成了许多长期经营、状况良好的企业不得不在其他非成员国进行经营。例如，某一成员国以经营资本不充足为由要求另一成员国企业做出由公司的股东及配偶对未来债务负责的保证。最终，企业选择放弃了在该国经营的初衷。

2. 服务接受者的困难。不必要的繁琐手续增加了商品的成本，造成了商品价格的大幅上升。服务接受者不仅要承担增加了的商品

[①] 根据当地的经济发展状况、人口数量、收入状况等确定该类型企业的最大容量或产品的最大容量，据此再确定给外来企业的配额的一种方法。

价格，还会因为歧视和信息缺乏而遭受损失。在一些案例当中，博物馆和体育赛事组织会依据居民国籍的不同而对其收取不同的费用。在其他一些案例当中，尤其在电子商务领域，消费者会因其处所而直接被拒绝进入某一网站或被指引进入另一家网站。

此外，由于缺乏合作，不同成员国的主管机构之间常常无法获得对方提供的任何帮助。例如，一成员国主管劳动法的机构指出，为了确保本国消费者的健康和安全不受到威胁，该机构不得不采取雇佣私家侦探等手段，调查在其境内从事服务经营的企业是否具有真正的资质而不是一家皮包公司。

4.4.3 《服务指令》解决问题的措施

1. 简化和升级了跨境企业的相应程序。为了简化开设工商企业的程序和手续，《服务指令》对行政管理程序和授权程序实施了程序升级计划。该计划规定只有那些真正需要的程序和手续才予以保留，并且予以保留的程序和手续的内容与步骤必须是有效、简单易用的。

首先，《服务指令》规定，为确保企业可以非常便利地获得所有关于申请条件和手续方面的信息，成员国必须将不必要的壁垒移除。此外，服务提供者可以通过每个成员国建立的"单一接触点①"（Points of Single Contact）获得所需信息和完成行政手续，并能通过网络开展业务，这将大大加速授权审批程序，减少成本。

其次，在《服务指令》出台之前，获得授权既费时又费力，这其中涉及数次的拖延和高昂的行政审批费用。因此，《服务指令》规定授权程序应力求清晰、透明，不应该含有限制和歧视措施。

---

① 依照《服务指令》，每一成员国有义务建立"单一接触点"，通过"单一接触点"，服务提供者可以获得所有相关的信息、处理所有行政手续而不必再与每一个主管机构进行接洽。"单一接触点"必须以电子方式建立并且能够实现远距离进入模式。

最后，《服务指令》要求禁止所有具有歧视性的行政审批条件和经济测试要求。

行政管理程序和授权程序的简化和升级不仅使外国企业获得了收益，国内企业也同样享受到了由简化带来的好处。

2. 企业跨境提供服务变得更加容易。首先，依据《服务指令》，服务提供者将能够有效地以跨境的方式向其他成员国提供服务。只有在涉及公共政策、公共健康、公共安全和环境保护问题并体现非歧视性和比例性的情况下，企业跨境提供服务时才需满足其他成员国的要求。

其次，《服务指令》规定，服务提供者可以向其他成员国提供服务而无须在当地建立经营场所。在此之前，服务企业要想向其他成员国提供服务必须在当地建立永久性的经营场所。随着此项要求的废除，服务企业以临时或偶然的方式向其他成员国提供服务变为了现实。

最后，《服务指令》规定，服务提供者向其他成员国提供服务时，可以不再因该国的要求而采取特定的法律形式。例如，在《服务指令》出台之前，有些成员国要求房地产代理必须采取自然人的身份才允许其提供服务，这实际上排除了来自其他成员国的房地产代理企业。

3. 服务接受者获得了更加全面的保护。依照《服务指令》，服务接受者（企业或消费者）将会因为更多地掌握关于企业和服务的信息而获益。例如，旅行社、博物馆和体育赛事组织者除非能够证明价格差异是客观合理的，否则将不再允许依据居住地而对服务接受者收取不同的价格。

4. 监管变得更加有力。为了能够对服务提供者进行更好、更加有效的监管，依照《服务指令》，成员国必须推进彼此之间的行政合作。欧盟将建立内部市场信息系统（Internal Market Information System，IMI），通过该系统可以实现成员国之间直接、快速、有效的信息交流。一旦有商人利用规则和行政管理的漏洞，欧盟将快速、有效地进行处理。

4.5 欧盟推进服务市场一体化政策的框架

4.5.1 欧盟内部服务贸易政策的构成

如表4.2所示，欧盟内部服务贸易政策相关的法律主要由两部分组成，其一为《服务指令》，其二为与特定服务部门有关的次级法规，两者的执行是并列的。但在任何情况下，与特定服务部门有关的国家法律和规则必须与欧盟其他的法规保持一致，尤其是必须与"企业自由建立"和"服务自由提供"的两条基本原则保持一致。

表4.2　欧盟内部服务贸易政策的框架及管辖的服务部门

服务贸易政策框架	管辖的服务部门
《服务指令》	• 零售和商务 • 建筑服务 • 房地产服务 • 与农业和林业相关的服务 • 与工业相关的服务 • 教育服务 • 旅游和休闲服务 • 专业服务 • 手艺服务 • 以知识为基础的商务服务 • 由私人提供的社会服务 • 与文化相关的服务 • 体育和健康服务 • 医疗保健辅助服务 • 与运输有关的服务 • 与知识产权相关的服务

服务贸易政策框架	管辖的服务部门
特定服务部门的次级法规	• 金融服务 • 电子沟通和网络服务 • 运输服务 • 临时工作代理服务 • 专业医疗保健服务 • 视听和广播服务 • 博彩服务 • 社会服务（除由私人提供的社会服务） • 私人安全服务 • 由公证人和法官提供的服务

4.5.2 《服务指令》管辖的范围

《服务指令》适用于被定义为个体经营活动（Self-employed Economic Activities），通常是为了报酬而提供的服务。因此，它既不适用于薪金获得者，也不适用于有形商品的生产，同样也不适用于《欧盟运行条约》第51条所规定的经官方授权的行为（例如警察、司法服务）。

如表4.2所示，《服务指令》管辖的活动和服务部门包括：

1. 零售和商务服务（RETAIL AND COMMERCE）。例如，超市和其他商业机构、商品交易会和巡回销售。

2. 建筑服务（CONSTRUCTION）。例如，建筑公司、房屋隔热服务。

3. 房地产服务（REAL ESTATE）。例如，房地产代理服务、拍卖和产权转让服务。

4. 与农业、林业相关的服务（SERVICES LINKED TO AGRICULTURE AND FORESTRY）。例如，为农作物生产起到辅助作用的熏蒸和收割服务、农作物收割后的服务、兽医及生物实验室。

5. 与工业相关的服务（SERVICES RELATED TO INDUSTRY）。例如，设备的安装和保养服务、工业清洗服务。

6. 教育服务（EDUCATION SERVICES）。例如，私立学校、私立大学和语言学校。

7. 旅游和休闲服务（TOURISM AND LEISURE）。例如，餐馆、酒吧、旅行社、酒店和娱乐公园。

8. 专业服务（PROFESSIONAL SERVICES）。例如，律师、建筑师和工程师提供的专业服务。

9. 手工艺服务（CRAFTS）。例如，木匠及瓦匠提供的服务和维修和保养服务。

10. 以知识为基础的商务服务（KNOWLEDGE-BASED SERVICES TO BUSINESSES）。例如，管理咨询、广告、认证、测试和培训服务。

11. 私人提供的社会服务（SOCIAL SERVICES PROVIDED BY PRIVATE OPERATORS）。例如，儿童和老人的看护服务和家政服务。

12. 文化相关的服务（CULTURE-RELATED SERVICES）。例如，私人博物馆和图书馆、戏院、音乐会和露天剧场。

13. 体育和健康服务（SPORT AND FITNESS）。例如，体育馆和 SPA 服务。

14. 医疗保健的辅助服务（SERVICES ANCILLARY TO HEALTHCARE）。例如，医疗设备的供应和维护保养服务、医院的实验室。

15. 与运输相关的服务（SERVICES RELATED TO, BUT DISTINCT FROM TRANSPORT）。例如，汽车租赁、搬运服务、校车服务、航拍服务和旅游巴士公司。

16. 与知识产权相关的服务（INTELLECTUAL PROPERTY-RELATED SERVICES）。例如，知识产权管理服务和专利代理服务。

4.5.3 欧盟内部服务贸易政策除《服务指令》之外的管辖范围

1. 金融服务（Financial Services）。

2. 电子沟通服务和网络（Electronic Communications Services and Networks）。

3. 交通运输服务（Services in The Field of Transport），指区别于运输服务但又与其相关的服务，例如校车服务和休闲飞行之外的服务。

4. 临时工作代理服务（Services of temporary work agencies），指除了实习安置和招聘之外的服务。

5. 专业医疗保健服务（Healthcare Services Provided by Health Professionals），指由专业医疗人员向患者提供的用于检查、保养和恢复健康的服务，并且专业医疗人员要受到专业医疗法规的管辖。

6. 视听和广播服务（Audiovisual Services and Radio Broadcasting）。

7. 博彩业（Gambling Activities）。

8. 社会服务（Social Services），指除了由私人提供之外的社会服务，例如由政府或慈善机构提供的廉租房、对儿童和家庭的帮助以及对处于困难之中的人提供永久或临时的帮助等。

9. 私人安全服务（Private Security Services），指除了安全设施的销售和安装及通过电子设施从远端人为地对财产和人进行监控等非安全服务之外的服务。

10. 由公证人和法官提供的服务（Services Provided by Notaries and Bailiffs），指由政府指派的公证人和法官提供的服务。

这些《服务指令》涵盖范围之外的服务部门和服务并不是免于执行《欧盟运行条约》（Treaty on the Functioning of the European

Union, TFEU）的第 49 条和 56 条。相反，只要这些服务是为了《欧盟运行条约》第 57 条所规定的目的，就必须受《欧盟运行条约》第 49 条和 56 条所规定的两个基本自由，即"企业自由建立"和"服务自由提供"原则的约束。

第5章

欧盟具体服务部门市场
一体化进程分析

上一章以整体为视角对欧盟区域内服务市场一体化的进程进行了剖析，本章将主要以欧盟的交通运输服务和金融服务部门为例，分析具体服务部门市场一体化进程。

5.1 航空服务市场一体化进程

5.1.1 欧盟推进航空运输服务一体化的政策演进

1987 年之前，整个欧洲航空运输市场处于保护和分割的状态。为了建立航空运输统一市场，欧盟分三个阶段逐步实现航空运输部门的自由化。

第一个阶段开始于 1987 年 12 月，欧盟采纳了第一个措施文件包，开始放松原有规则的限制。对于欧盟内部的交通而言，措施文件包限制政府反对航空公司引入新费用的权利，此外，措施文件包赋予航空公司在座位容量分享方面更多的灵活性。

第二个阶段开始于 1990 年，欧盟采纳了第二个措施文件包，进一步开放欧盟的航空运输服务市场，并赋予航空公司在票价设定和座位容量分享方面更大的灵活性。此外，措施文件包赋予欧盟境内所有的航空运输企业权力，允许其在母国和任何一个欧盟国家之间不受数量限制地运送旅客和货物。

第三个阶段开始于 1993 年 1 月，欧盟采纳了第三个措施文件包，这些措施的主要目标是实现航空运输服务市场的自由化。第三个措施文件包提出在整个欧盟境内自由地提供航空服务的原则，并于 1997 年 4 月提出国内航空运输的自由，即赋予一个成员国的航空公司在另外的成员国境内从事航线运营的权力。此外规定航空运输统一市场会逐渐拓展至挪威、冰岛和瑞士。

除了市场开放之外，措施文件包还要求建立一套更加严格的共同规则，目的是确保平等的经营环境以及持续提高安全标准（The Council，1992）。

第三个措施文件包包括三项法律措施，分别涉及航空运输公司的许可、共同体航空公司进入共同体内部航空运输市场和航空运输服务的收费问题。具体的法律文件的名称和涉及的主要内容列于表 5.1 中。

表 5.1　　　　　　第三个措施文件包包括的法律措施

法律文件名称	主要内容
《理事会 1992 年关于航空公司许可的条例》①	主要关于共同体内建立的航空运输企业获得经营许可和保持经营许可的要求。
《理事会 1992 年关于共同体航空公司有权使用共同体内部航线的条例》②	共同体内部所有的航线向共同体持有经营许可的航空公司开放；成员国政府可以对区域发展至关重要的航线施加公共服务义务。
《理事会 1992 年关于航空运输服务费的条例》③	航空公司不再需要将其收费标准递交成员国管理机构以获得批准。

①　See Council Regulation（EEC）No 2407/92 of 23 July 1992 on licensing of air carriers.

②　详见 Council Regulation（EEC）No 2408/92 of 23 July 1992 on access for Community air carriers to intra-Community air routes.

③　详见 Council Regulation（EEC）No 2409/92 of 23 July 1992 on fares and rates for air services.

经过了 15 年对第三个措施文件包的实施之后，航空运输市场出现了很大变化，为了应对不断变化的环境，欧盟决定对管理航空运输服务的法律框架进行现代化调整。因此，2006 年 7 月欧盟委员会做了一个关于现代化和简化欧盟航空内部市场法律框架的提案。提案提出将现有的三个条例合并为一个，以确保未来航空市场更具效率。在这样的背景下，欧盟于 2008 年 11 月 1 日正式实施《关于为共同体内部航空运输服务运营建立共同规则的条例》①，取代了原来的第三个措施文件包。鉴于《关于为共同体内部航空运输服务运营建立共同规则的条例》是目前欧盟内部航空运输服务市场运行的共同规则，是进一步推进欧盟航空运输服务市场一体化进程的重要保障，下面将该条例的主要内容作简要的介绍。

5.1.2 欧盟航空运输市场运行的共同规则

《关于为共同体内部航空运输服务运营建立共同规则的条例》规定了共同体航空运输服务企业许可、共同体航空运输服务企业在共同体内部经营的权力、航空运输服务在共同体内部的定价三个方面，旨在保证欧盟内部航空运输市场的竞争性、服务的高质量性和价格的透明性（The European Parliament and the Council，2008）。

5.1.2.1 经营许可

《关于为共同体内部航空运输服务运营建立共同规则的条例》规定，共同体内建立的航空运输企业必须获得经营许可还能够从事客运、货运和邮件运输。航空运输企业要想获得经营许可必须满足一定的条件。首先，航空运输企业必须持有航空作业证书（Air Op-

---

① 详见 Regulation （EC） No 1008/2008 of the European Parliament and of the Council of 24 September 2008 on common rules for the operation of air services in the Community

erator Certificate）；其次，必须遵守保险①和所有权要求并提供财政担保；最后，必须提供证据证明企业有良好的声誉。

航空运输企业在获得经营许可后只要能够满足条例规定的要求其许可就能够持续有效。在出现问题或在欧盟委员会的请求下，许可授权机构会在新许可发放的两年后对航空运输企业满足上述要求的状况进行审查。在任何情况下，经营许可授权机构均可对欧盟境内持有经营许可的航空运输企业的财务状况进行评估。

此外，欧盟的航空运输企业在将其经营活动做出改变②之前必须向许可授权机构汇报。当经营许可授权机构认为航空运输企业这种经营活动的变化会造成非常重要的财务后果时，会要求企业修订其经营计划并决定该企业是否有必要重新递交经营许可申请。

最后，如果经过财务评估发现航空运输服务企业的财务无法满足12个月的义务，欧盟的经营许可授权机构会暂停该企业的经营许可。在安全没有受到威胁并真有可能重组的情况下，经营许可授权机构会给企业颁发临时许可，允许其等待财务重组。航空运输服务企业在关键点上粉饰了虚假信息或者航空作业证书已经被吊销，或者企业无法满足企业声誉好的要求的情况下，经营许可必须被终止。

5.1.2.2　使用航线的权力

《关于为共同体内部航空运输服务运营建立共同规则的条例》规定，共同体授权共同体的航空运输企业经营共同体航空运输服务，成员国不可以使航空运输企业的经营活动受任何许可和授权的限制。同样，成员国之间的双边协定也不可以对经营的自由进行限制。成员国与其他第三国之间的双边协定可以对经营自由起到限制

---

①　"9·11恐怖袭击事件"之后，欧盟开始关注航空运输服务的保险要求。在共同运输政策的框架下，为了对消费者提供保护，避免航空运输企业之间竞争的扭曲，欧盟规定了最低的保险要求以确保航空运输企业在旅客、货物、行李和第三方方面的支付责任。

②　如向原来没有提供服务的新的区域提供航空运输服务或并购等行为。

作用，但必须满足一定的条件：限制不能对竞争起到限制作用；限制必须是非歧视性的；限制不能超过必要的限度。

在特定的条件下，如果航线被认为对地区的经济和社会发展十分重要，成员国可以对机场与周边地区或发展地区之间的预定航线施加公共服务义务要求。此外，条例对公共服务义务适用的一般原则进行了规定。

交通权的行使必须受共同体、成员国、区域、地方与人身安全、社会安全、环境保护和时隙的分配有关的规则的约束。在特定的条件下，成员国可以将交通权在服务于共同的城市和都市圈的机场之间进行分配。成员国在紧急情况下或与严重的环境问题相关时可以限制或拒绝行使交通权。

5.1.2.3　关于价格的规定

《关于为共同体内部航空运输服务运营建立共同规则的条例》规定，除了在公共服务义务要求下，共同体内部的航空运输企业可以自由地设定客运和货运服务的价格。公布的用于服务的价格应该包括运费、所有适用的税、手续费、附加费以及其他在价格公布时可以预见而又无法避免的费用。此外，航空运输服务企业必须提供有关价格组成部分（如运费、税、机场收费和其他成本）的细节。共同体内部乘客之间和货运托运人之间基于居住地和国籍的价格歧视是绝对禁止的。

5.2　铁路运输市场一体化进程

5.2.1　欧盟推进铁路运输市场一体化的政策演进

5.2.1.1　第一个铁路政策文件包（First Railway Package）

1998 年 7 月，欧盟委员会递交了三个新的提案，目的是使现有的法律更具效率。2001 年 2 月 26 日，理事会采纳了三个指令①，人们将其称为"铁路基础设施文件包（Rail Infrastructure Package）"，也被称为第一个铁路文件包。第一个铁路文件包使铁路运营商能够在非歧视原则的基础上使用跨欧盟的网络。欧盟委员会建议建设一站式快速路。第一个铁路政策文件包强调提升列车运行线的分配；此外，强调建立关税结构使其能够反映相关的成本、能够减少边境的延误、能够建立质量标准。

5.2.1.2　第二个铁路政策文件包（Second Railway Package）

2002 年 1 月 23 日，欧盟委员会提出了一套新的措施，即人们所知的第二个铁路文件包，目的是通过快速建设一个一体化的欧洲铁路区域来振兴铁路运输。欧盟委员会提案中的措施以《2001 运输服务白皮书》②的基本原则为基础，旨在提升安全性、各种运输方式的互通性、促进铁路运输市场的开放。此外，欧盟委员会还提议成立欧洲铁路局（European Railway Agency）负责为安全和运输方式互通提供技术支持。

2004 年正式实施的第二个铁路文件包建立了欧洲铁路局，引入了共同的铁路事故调查程序。每个成员国都按照文件包的要求成立了铁路安全机构。此外，从 2007 年 1 月开始，欧盟铁路货运市

---

① Directive 2001/12/EC of the European Parliament and of the Council of 26 February 2001, which amended pre-existing Council Directive of 29 July 1991 on the development of the Community's railways；

Directive 2001/13/EC of the European Parliament and of the Council of 26 February 2001, which amended pre-existing Council Directive of 27 June 1995 on the licensing of railway undertakings；

Directive 2001/14/EC of the European Parliament and of the Council of 26 February 2001 on the allocation of railway infrastructure capacity and the levying of charges for the use of railway infrastructure.

② COMMISSION OF THE EUROPEAN COMMUNITIES WHITE PAPER European transport policy for 2010：time to decide.

场全部开放进行自由竞争，铁路货运市场的自由化水平大幅提升。

欧洲铁路局是促进欧洲铁路部门现代化的主导力量，在其成立之前的 25 年间，成员国之间不协调的技术和安全规定一直是欧盟成员国铁路运输部门发展的重要障碍。欧洲铁路局的主要任务是逐步协调成员国之间的铁路技术标准并为欧盟所有的铁路部门制定共同的安全目标。

5.2.1.3 第三个铁路政策文件包（Third Railway Package）

2004 年 3 月 3 日欧盟委员会采纳了"第三个铁路文件包"，文件包包含了大量的措施用于振兴欧洲的铁路运输部门，使其变得更具吸引力和竞争性。其主要的任务是完成铁路运输部门法律框架的构建。第三个铁路文件包主要涉及三个方面的内容：驾驶员的培训、乘客的权力、开放铁路客运市场。

首先，2007 年 10 月实施的"第三个铁路文件包"指出到 2010 年开放包括国内交通权在内的铁路客运服务的市场准入权。铁路客运服务的运营商可以在欧盟境内的任何一条国际线路上的任何站点搭载和卸载旅客，包括在同一成员国内部的站点之间搭载和卸载旅客。

其次，"第三个铁路文件包"强调铁路驾驶员培训对安全的重要意义，并引入了欧洲铁路驾驶证制度。持有欧洲驾驶证的铁路驾驶员可以在整个共同体的铁路运输网络获得认可。当然，铁路驾驶员要想获得欧洲驾驶证必须满足一些基本的要求，主要涉及驾驶员的教育水平、身心健康状况、一般知识和专门知识[①]的掌握情况，另外，还必须得接受实际的技能培训。

最后，为了使铁路运输服务与其他运输方式相比更具吸引力，欧盟委员会指出，铁路乘客的权力应该得到更好的保护，尤其是火

---

① 一般知识主要指与铁路驾驶有关的知识；专门知识主要涉及铁路运输的线路、铁路上使用的全部车辆以及所工作的铁路运输企业的运行程序等知识。

车延误的赔偿应得到更好的保障。长途旅客应该享有更广泛的权力，所有铁路运输线路上的所有旅客所接受的服务至少应该达到最低的服务标准。残疾或行动不便的旅客不应受到歧视，旅客在火车站内的人身安全能够获得保障。

5.2.1.4 第一个铁路政策文件包的重组

为了促进铁路运输市场一体化水平的提高，欧盟制定了大量的措施，这些措施之间往往存在着一定的交叉，这使得铁路运输市场一体化的政策有些模糊不清，加大了运营商的成本。此外，有些关于铁路市场准入的法律规定不够明确，为成员国留下了不同的解释空间，不利于政策的转换和执行。有些政策措施随着环境的变化已经过时，成为欧盟继续推进铁路市场一体化的障碍，必须废除这样的措施并采取更为现代化的措施以保持政策的与时俱进性。基于以上三点，欧盟决定对第一个铁路政策文件包进行重组。

欧盟委员会在 2009 年提出了重组第一个铁路文件包的提案，2012 年重组文件开始执行[①]。重组文件保持了第一个铁路文件包的所有的基本原则，制定了四个具体的目标：

第一，促进与铁路运输有关的服务向所有的欧盟铁路运输企业开放，进而促进铁路运输的竞争。

第二，提升铁路运输服务市场准入条件的明确性以保证公平的竞争。

第三，加强跨境协作，强化监管机构之间的协调以促进跨境铁路运输服务的发展，避免内部市场的分割。

第四，为使铁路运输系统发展能够获得充足、持续的财力支持，建立有效的激励机制以鼓励在铁路技术和设施方面创新的投资，保证欧盟铁路运输系统的世界领先性。

---

① DIRECTIVE 2012/34/EU OF THE EUROPEAN PARLIAMENT AND OF THE COUNCIL of 21 November 2012 establishing a single European railway area.

5.2.1.5 2013 年欧盟委员会关于"第四个铁路政策文件包"的提案

《2011 白皮书》提出了一项战略：通过建立更加坚实的财政基础、通过确保自由地使用所有的交通和公共服务、通过促进成员国系统和社会方面的一体化振兴共同体的铁路运输（European Commission，2011）。为了实现振兴铁路运输的目标，欧盟委员会分别于 2012 年 5 月和 9 月组织利益相关者开会共同商讨用于第四个铁路政策文件包的办法。2013 年 1 月，欧盟委员会正式采纳了"第四个铁路政策文件包"的提案，主要涉及铁路运输的监管、开放国内铁路客运市场、公共服务义务合同招标、欧洲铁路局的新职能四个方面。第四个铁路文件包是欧盟推进欧盟铁路运输市场一体化进程的重要举措，下面将对提案的内容作较为详细的阐述。

5.2.2 "第四个铁路政策文件包"提案的主要内容

5.2.2.1 起作用的标准和审批

欧盟的铁路运输市场依然存在着大量的技术和行政管理的障碍，构成了新进入市场者和火车制造商进入市场的壁垒。新火车的授权程序可以持续 2 年，花费达 600 万欧元（European Commission，2013）。即便有欧盟的标准，现在铁路的授权和安全证书的发放依然由成员国自己来负责。官僚机构在市场准入程序中的介入已经构成了新铁路运输企业进入一些成员国市场的主要的壁垒。因此，削减铁路运输企业的行政管理负担、促进新企业的市场准入成为继续推进铁路运输一体化发展的当务之急。

在"第四个铁路政策文件包"提案当中，欧洲铁路局将成为一站式服务机构，负责欧盟范围内市场上使用的铁路运输工具的授权和欧盟范围内安全证书的发放。此外，欧洲铁路局的监管结构和内部操作流程会得到进一步的提升。

5.2.2.2 改进结构

从 1991 年开始，基础设施管理企业和铁路运输服务企业的财务分离已经成为一项必须履行的义务。自 2001 年以来，基础设施管理企业的核心职能——列车运行线路的分配和收费已经从铁路运输服务企业剥离。其他的职能，如日常的火车交通管理和维护、基础设施的发展等可以由与铁路运输服务企业有关联的基础设施管理企业来行使，这增加了对新进入市场者采取歧视措施的可能性。

为了确保所有的铁路运输企业在市场进入方面的公平性，基础设施管理企业必须保持其独立，必须以高效、非歧视的方式运行运输网络，必须进行欧盟范围内的协调以确保跨欧洲网络的真正实现。

为了确保运输网络的发展对所有的市场参与者都有利，为了使效率最大化，欧盟委员会建议加强基础设施管理企业的职能，使其能够控制包括基础设施投资计划、日常运营和维护、制定交通时刻表在内的所有职能。

面对来自基础设施使用方投诉的大量增加，欧盟委员会建议基础设施管理企业必须与所有的铁路运输服务企业保持经营和财务上的独立。这对于消除利益纠纷、非歧视地对待所有的轨道使用方十分关键。机构分离是最简单、最透明的实现上述目标的措施。按照计划，欧盟内部客运市场铁路运输服务企业与基础设施管理企业完全分离将于 2019 年实现。

5.2.2.3 开放国内铁路客运服务市场

欧盟的铁路货运市场已于 2007 年 1 月开始全部开放竞争，铁路国际客运市场已于 2010 年 1 月开始全部开放，但国内铁路客运市场仍然处于封闭状态①。

为了鼓励创新、提升效率，欧盟委员会在新提案中建议从 2019 年 12 月开始国内客运铁路市场向新进入者开放。届时，所有的铁路运输企业将能够在整个欧盟的范围内提供国内铁路客运服务。对于服务方式，服务提供企业可以选择商业服务提供模式或者竞标公共铁路服务合同的模式。市场开放将促进竞争，竞争的加剧将促进整个行业效率的提升，届时消费者将在服务选择的多样化、服务质量的提升等方面获得益处。

5.2.2.4　保持技能熟练的工作队伍

欧盟委员会指出，铁路运输部门的繁荣依赖于技能熟练和具有创新精神的工作队伍，接下来的 10 年，欧盟的铁路部门既要面对 30% 员工退休需要补充的挑战，又要应对新的、更具竞争性环境的挑战。鉴于技能熟练和具有创新精神的员工队伍在欧盟提供高效、有竞争力的铁路运输服务中的核心作用，欧盟委员会提议采取措施保持欧盟铁路员工的技能熟练性和创新性。

欧盟委员会已经将"第四个铁路政策文件包"提案递交欧洲议会和部长理事会，接下来就是等待获得这两个机构的批准，一旦获得批准就会被欧盟正式采纳，成为欧盟在铁路运输一体化政策方面的法律。相信"第四个铁路政策文件包"提案一定会获得欧洲议会和部长理事会的批准，并且提案的主体内容不会被过多地改动，因此，提案必将有效地促进欧盟国内铁路客运市场的开放，推进整个铁路市场一体化进程。

---

　① 尽管有些成员国如英国、德国、瑞典、意大利已经单边开放了国内铁路客运市场，但总体而言，该市场仍然是封闭的。

5.3　海洋运输市场一体化进程

5.3.1　促进服务自由提供的系列措施

欧盟于 1986 年采纳了四个条例，开始将自由提供服务、竞争、自由进入市场的原则应用于欧盟的海洋运输服务市场。

5.3.1.1　服务自由提供原则的应用

1986 年的《将服务自由提供的原则用于成员国之间或成员国与第三国之间海洋运输的条例》① 赋予成员国的海洋运输公司以及使用在欧盟的成员国注册并受成员国控制的船只的非欧盟船运公司权力，允许其在一个成员国的任一港口与另外一个成员国的任一港口或海上装置之间或一个成员国的任一港口与非欧盟国家的任一港口或海上装置之间提供海洋货运和客运服务②。通过该条规定的执行，欧盟开放了成员国港口之间的海洋运输服务市场，有效地提升了欧盟成员国港口之间海洋运输服务市场的一体化水平。

5.3.1.2　自由竞争原则的应用

1986 年的《关于将自由竞争的原则应用于海洋运输服务的条例》③ 规定将《共同体条约》所规定的自由竞争的原则④应用于海

---

①　Council Regulation（EEC）No 4055/86 of 22 December 1986 applying the principle of freedom to provide services to maritime transport between Member States and between Member States and third countries.

②　Article 1 of Council Regulation（EEC）No 4055/86.

③　Council Regulation（EEC）No 4056/86 of 22 December 1986 laying down detailed rules for the application of Articles 85 and 86 of the Treaty to maritime transport.

④　详见《共同体条约》第 81 条和第 82 条的规定。

洋运输服务。此外，条例对自由竞争原则适用的海洋运输范围进行了规定，运输服务必须是成员国一个或多个港口之间的运输服务，不定期船服务排除在外。自由竞争原则在海洋运输服务中的应用可以保证欧盟的海洋运输企业在平等环境下的公平竞争，消除垄断集团对国内市场的控制，有利于促进成员国海洋运输市场的进一步融合。

5.3.1.3　不公平价格竞争的规定

1986 年的《关于海洋运输不公平价格实践的条例》规定欧盟可以对非欧盟船主的不公平价格行为征收补偿性关税以便对欧盟成员国的船主提供保护。此外，条例对不公平价格行为造成的伤害定义为欧盟成员国船主的市场份额、利润和就业的下降。《关于海洋运输不公平价格实践的条例》可以保证欧盟内部的海洋运输服务市场免于受到欧盟外部不公平价格行为的影响，有利于欧盟内部海洋运输服务市场的自由竞争。

5.3.1.4　自由进入海洋货物运输市场

1986 年的《关于采取联合行动确保海洋货运市场自由进入的条例》① 将第三国船公司分为两类：母国承运人和跨境承运人。母国承运人指提供母国与一个或多个欧盟成员国之间的海洋运输服务的来自欧盟以外第三国的船运公司；跨境承运人指提供其他第三国与欧盟一个或多个成员国之间海运服务的来自欧盟以外第三国的船运公司。当上述两类非欧盟的船运公司的行为限制了欧盟的船公司或使用了在欧盟的成员国注册并受成员国控制的船只的船运公司进入班轮货物运输、散装货物运输、其他货物运输市场时欧盟可以采取外交或其他的联合应对措施，除非非欧盟船运公司的这些限制行为符合欧盟班轮法的规定。

---

① Council Regulation （EEC） No 4058/86 of 22 December 1986 concerning coordinated action to safeguard free access to cargoes in ocean trades.

总之，通过上述四个条例欧盟开放了成员国港口之间海运市场，成员国港口之间海运服务的壁垒被进一步消除，这块欧盟海运市场的一体化水平有了大幅度的提升。此外，这些条例将欧盟海洋视为一个整体对其进行保护，使其免受来自非欧盟国家船运公司的不公平竞争，这也表明欧盟海运市场一体化水平的提升。

5.3.2　促进成员国内部海洋运输服务自由提供的措施

1992 年欧盟颁布了《将服务自由提供的原则应用于成员国内部海运服务的条例》①，1993 年 1 月 1 日该条例正式生效。该条例的目的是消除成员国内部海运服务市场服务自由提供的限制。

《将服务自由提供的原则应用于成员国内部海运服务的条例》规定，使用在一个成员国注册的船只或者使用悬挂该成员国国旗的船只的共同体船运企业，船只符合在该成员国内部提供海洋运输服务条件的情况下，可以在该成员国内部自由地提供海运服务。为了确保成员国内部的岛屿之间以及岛屿或偏远海域能够与大陆地区相连，欧盟的规则充分考虑了公共服务义务，成员国可以将在其境内提供海洋运输服务的权利与公共服务义务相联系。

从 1993 年 1 月 1 日开始，欧盟成员国内部海洋运输服务市场实现了自由化。根据每种运输方式特定的时间表，法国、意大利、希腊、葡萄牙、西班牙逐步开放大陆区域的国内交通运输服务。这些国家内部的岛屿之间以及岛屿与大陆之间的国内海洋运输于 1999 年实现自由化。

《将服务自由提供的原则应用于成员国内部海运服务的条例》的颁布和实施实现了欧盟成员国内部海洋运输服务市场的开放，进一步提升了欧盟海洋运输服务市场的一体化水平。

---

①　Council Regulation（EEC）No 3577/92 of 7 December 1992 applying the principle of freedom to provide sevices to maritime transport within Member States（maritime cabotage）.

5.3.3 构建无壁垒的海洋运输区域

5.3.3.1 政策出台的背景

1993 年创造的统一市场已经使陆上运输方式的行政管理手续有了很大程度的简化,但海洋运输要面对复杂的行政管理程序,即便是海洋运输服务仅往返于欧盟内部的港口之间并且承载的货物是欧盟范围内自由流动的货物的情况下也不例外。其结果是,欧盟内部的海洋货物运输面对很高的行政遵从成本,使其与其他的运输方式相比不具竞争力。

这些行政管理程序涉及的范围很广,包括关税、运输规则、兽医和土地保护规则、货船进港离港的手续等,构成了欧盟内部海洋运输服务的主要障碍。为了改变欧盟海洋运输与其他运输方式相比在行政管理程序方面的不利局面,海洋运输的利益相关方督促欧盟采取行动简化欧盟海洋运输的行政管理程序。

欧盟理事会(the Council)在 2006 年 12 月 11 日的《促进近海运输》(Short Sea Shipping)的决议中强调应鼓励使用近海运输方式,为此,应该简化欧盟海洋运输的行政管理程序。2007 年 2 月 12 日,欧盟理事会在关于里斯本战略的决议中重申了上述主张。2006 年年末,欧盟经社理事会(the European Economic and Social Committee)呼吁消除欧盟内部在边境地区对海洋运输的控制。

在 2006 年的《运输政策白皮书的中期审查》① 中欧盟委员会宣布构建无壁垒的欧盟海洋运输区域。无壁垒的欧盟海洋运输区域计划的目标是通过消除或简化欧盟内部海洋运输的行政管理程序将

---

① Commission Communication:"Keep Europe moving—Sustainable mobility for our continent—Midterm review of the European Commission's 2001 Transport White paper" – COM (2006) 314.

欧盟内部市场拓展至包括欧盟内部的海洋运输，此外，使欧盟内部的海洋运输方式更具吸引力、效率、竞争力并能对环境保护做出更大的贡献（Commission of the European Communities，2009）。为了实现目标，欧盟委员会提出了一系列措施，下面对这些措施作较为详细的阐述。

5.3.3.2　行动方案

为了推进无壁垒欧盟运输区域的建设，欧盟委员会提出以下措施。

1. 简化仅往返于欧盟内部港口之间船只的关税手续。修订《关于执行共同体关税编码的规定》，引入共同体范围内港口之间用海洋运输的货物推定为具有共同体货物关税地位的概念，货物用海洋运输方式在欧盟内部的港口之间移动将不再需要提交货物具有欧盟货物地位的证明。

2. 制定行动指南用于提升欧盟内部的港口之间与动物或植物有关货物的运输文件审查速度。原产于欧盟的动物产品或动物在设有边境检查站的港口卸载时或这些货物在欧盟的港口之间运输所使用的航线不是常规、直接的航线时，需要接受文件审查，目的是防止原产于第三国的动物产品或动物被错误地或欺骗地当做欧盟原产的产品，对共同体的公共安全和动物的健康造成损害。

通过行动指南的执行会在保护公共健康的同时使进入欧盟入境地点的动物或动物产品的检查更快速、更有效率。

3. 采取措施使不同立法机构索要的文件趋于合理化。为了进一步简化行政管理程序，欧盟委员会提议采纳一个新的指令用于取代 2002 年的《关于船只到港和离港报告手续的指令》①，明确对国

---

① Directive 2002/6/EC of the European Parliament and the Council on reporting formalities for ships arriving in and/or departing from ports of the Member States of the Community（OJ L 67, 9. 3. 2002, p. 31）.

际海事组织（IMO）统一格式的使用。按照该提案，欧盟于 2010 年采纳了新的《关于船只到港和离港报告手续的指令》①，用于简化港口报告手续。新指令第五条规定，成员国最迟于 2015 年 6 月 1 日之前实现电子格式完成报告手续并通过单一窗口②完成电子数据传输。此外，新指令第七条规定，成员国应采用国际海事组织《促进国际海运交通国际公约》（the IMO Convention on Facilitation of International Maritime Traffic）规定的船只到港和离港报告格式。新指令中的措施统一了欧盟内部船只到港和离港的报告格式和汇报形式，有利于欧盟内部海运市场一体化水平的提升。

4. 简化往返于欧盟的港口之间但中途在第三国的港口与自贸区作停留船只的行政管理程序。通过使用电子方式在新的欧盟关税编码框架下对上述船只上的欧盟的货物进行鉴别，通过对单一窗口的执行，可以降低该类船只将共同体货物带入欧盟的成本。

5. 提升电子数据传输的效率。为了与 2006 年《运输政策白皮书的中期审查》保持一致，欧盟委员会提议采取措施构建电子海运系统（E-Maritime System）。电子海运系统必须与电子关税系统③相融合。电子海运系统的执行将大大简化行政管理程序和港口的关税程序。此外，由于欧盟成员国之间存在着许多关于海运信息共享的网络，欧盟委员会指出必须将这些网络整合为一个整体。海运监管系统的整合将大大提高欧盟对海运服务的监控。

---

① DIRECTIVE 2010/65/EU OF THE EUROPEAN PARLIAMENT AND OF THE COUNCIL of 20 October 2010 on reporting formalities for ships arriving in and/or departing from ports of the Member States and repealing Directive 2002/6/EC（OJ L 283, 29. 10. 2010: 1 – 10）.

② 单一窗口将海洋安全网络（SafeSeaNet）、电子关税（e-Customs）和其他的电子系统相连，通过单一窗口，信息只要上报一次欧盟所有的主管当局和成员国均可使用。

③ 电子关税系统的概念于 2008 年的《关于为关税和贸易创造无纸化环境的决定》（Decision No 70/2008/EC of the European Parliament and the Council of 15 January 2008 on a paperless environment for customs and trade（Official Journal L 23/21 of 26. 1. 2008））中引入。

6. 建立行政管理单一窗口。"单一窗口"是一个系统，进出口商只需向一个单一的机构提交信息就能满足所有的与进出口有关的监管要求。

"单一窗口"的概念提出之前，船只为了履行全部的行政管理程序需要和港口的许多部门进行接洽，这将对企业的成本、货物处理的速度、系统的可靠性产生影响。因此，建立一个单一的平台用于处理所有的文件将使利益相关方获得利益。"单一窗口"与上述的电子数据传输配合使用将大大降低企业的行政管理负担。

7. 简化通过海洋运输方式运输危险货物的规则。《国际海运危险货物编码》[①] 和 2002 年《建立共同体海运监控和信息系统指令》[②] 含有专门的关于运送危险货物的规定，并制定了专门的程序要求危险货物承运方提前做出声明，但该项规定的要求比公路运输的规定严格得多，使海洋运输方式与公路运输方式相比处于不利的地位。为了扭转这种局面，欧盟委员会提议简化通过海洋运输方式运输危险货物的规则，使其与通过公路运送危险货物的规则相一致[③]。

总之，通过构建无壁垒的海洋运输区域可以大幅度地降低欧盟内部海洋运输市场的行政管理壁垒，有利于促进欧盟内部海洋运输市场的进一步融合。

---

① 《国际海运危险货物编码》于 1960 年被国际海运组织采纳。

② 详细规定见 2002 年《建立共同体海运监控和信息系统指令》（DIRECTIVE 2002/59/EC OF THE EUROPEAN PARLIAMENT AND OF THE COUNCIL of 27 June 2002 establishing a Community vessel traffic monitoring and information system and repealing Council Directive 93/75/EEC）第 12~15 条。

③ European Agreement concerning the International Carriage of Dangerous Goods by Road（ADR）of 30 September 1957.

5.4 金融服务市场一体化进程

5.4.1 《金融服务行动计划》（Financial Services Action Plan，FSAP）出台之前的努力

20 世纪 70 年代欧盟开启了金融服务一体化建设的进程，当时欧盟推进金融服务一体化的措施主要以关于银行、保险和投资的三个框架指令为基础。

《第一银行指令》[①] 主要专注于在共同体内部自由地建立信贷机构。按照该指令的规定，成员国有义务向其他成员国的进入者开放市场，使其可以进入该成员国的金融服务市场，但该进入者需受所在国国内法律和规章的约束。在此框架下，一个成员国的银行如果想在另外一个成员国建立银行，必须获得东道国银行监管机构的授权。

《第二银行指令》[②] 对第一个银行指令进行了修订，引入了单一银行牌照[③]（The Single Banking Licence）、母国负责对银行整体的偿债能力进行监管和最小资本要求（Minimum Capital Requirements）等规定。通过单一牌照和母国监管，原来在成员国授权机构之间的授权要求和限制不再对总部设立于共同体成员国境内的银行使用。

如表 5.2 所示，除了第一和第二银行指令，其他的与加强监管、协调会计制度、资本充足要求、大风险的披露与监管和存款保

---

① 详见 Council Directive 77/780.

② 详见 Council Directive 89/646.

③ 金融服务单一牌照指在欧盟任一成员国组建的金融服务提供者，只要其满足了某一成员国基本条件就可以在整个欧盟的范围内开展牌照允许经营的全部金融服务。

障方案有关的指令同样对银行服务一体化产生影响。

表 5.2　　　截至 1996 年与银行服务自由化有关的政策文件

指令名称	签发年份	执行年份	政策目标
《第一欧共体银行指令》	1977	1979	为存款机构建立授权程序
《加强监管指令》	1983	1985	使共同体监管安排与修订后的《巴塞尔协定》一致
《银行会计指令》	1986	1993	协调会计制度和财务报告要求
《资本自由化指令》	1988	1992	消除外汇管制、实现资本在共同体内自由移动
《自有资金指令》	1989	1993	在与《巴塞尔协议》保持一致的前提下为银行资本提供通用的定义
《偿债率指令》	1989	1993	在与《巴塞尔协议》保持一致的前提下制定通用的随风险调整的最小充足资本要求
《第二欧共体银行指令》	1989	1993	提供单一执照、为银行的活动进行宽泛的定义
《大风险监控和控制指令》	1992	1994	实现通过年度报表向监管机构提供大风险的详细信息
《资本充足指令》	1993	1996	将随风险调整的资本要求应用范围拓展至投资公司、为市场风险制定资本要求
《存款保障指令》	1994	1996	为了保证存款赔偿方案的运行和在所有成员国执行而制定通用的规则

资料来源：Gloria O. Pasadilla, Financial Services Integration in East Asia：Lessons from the European Union, Philippine Institute for Development Studies, 2008, P4.

保险和投资自由化的立法路径与银行类似。《第一保险[①]指

[①]　指除人寿保险外的直接保险。

令》① 在共同体内建立了授权程序。《第二保险指令》② 引入母国控制原则并加强了监管机构的权力。理事会指令 92/49 制定了单一牌照并进一步提高了母国监管和金融监管，与此同时，将特定监管规定专门化，如规定了保险公司对每类投资的最高持有额。总之，欧盟内部保险服务自由化的进程是一个不断放松市场准入的立法过程。

《投资服务指令》（Investment Services Directive）由两个主要的部分组成。第一个组成部分包括对受监管的投资银行的授权规定，某种程度上这与第一和第二银行指令类似；第二个组成部分界定了受监管的投资银行和存款机构进入有组织的交易所的程序。

总之，上述三个方面的金融服务政策的主要目的是推进欧盟内部金融服务的自由化，即促进金融服务在共同体内部的自由提供和金融服务企业在共同体内部的自由建立，促进金融服务在共同体内部的竞争。为此，欧盟需要采取措施解决金融服务的显性和隐性壁垒。显性壁垒主要由对金融服务跨境移动的限制和对金融服务投资的限制组成，通过对资本和外汇的管制以及市场准入的限制来实现。20 世纪 80 年代后期，随着欧盟单一市场建设进程的提速以及国际宏观经济环境的改善，阻碍资本自由移动的显性壁垒开始被移除。与此同时，由法律、规章和税收系统的差异组成的隐性壁垒通过执行《第二银行指令》开始逐渐被移除。《第二银行指令》旨在通过应用相互承认的原则来移除许多来自母国的要求，其推出的单一牌照同时为成员国的银行提供了在共同体内部服务的自由提供和企业的自由建立的保障。然而，移除金融服务显性和隐性壁垒的进程远没有结束。相互承认的原则在发挥其积极作用的同时也导致了欧盟层面的立法和成员国法律差异的产生，这影响了金融服务市场在共同体内部的融合。为此，欧盟委员会在 1999 年采纳了一个为

---

① 详见 Council Directive 73/239.
② 详见 Council Directive 88/357.

期 5 年的政策——《金融服务行动计划》（Financial Services Action Plan，FSAP），旨在建立一个真正的单一金融服务市场。

5.4.2　《金融服务行动计划》

《金融服务行动计划》于 1999 年 5 月 11 日由欧盟委员会发布，是共同体促进金融服务一体化的核心政策工具。《金融服务行动计划》制定了三个战略目标，即确保实现金融批发服务单一市场、建设开放、安全的金融服务零售市场、使用最高级别的金融监管体系。另外，行动计划还提出了完成上述三个战略目标应该采取的 40 多个具体措施以及时间表。

5.4.2.1　战略目标

1. 完成金融服务批发单一市场的建设。欧元启动以来，以市场为导向的欧盟证券和金融衍生品市场现代化使欧盟范围内证券的发行和交易变得更加便利，这将使欧盟能够享受到流动性增加、风险分散以及风险资本市场出现带来的好处。为了充分利用上述利益，完成金融服务批发单一市场的建设至关重要。为此，《金融服务行动计划》提出了五个用于完成金融服务批发单一市场建设的目标：

第一，为一体化的证券市场和金融衍生品市场制定共同的法律框架：

第二，移除在欧盟的范围内筹集资金的障碍。

第三，朝着为上市公司制定一套单独的财务报告的方向努力。

第四，控制证券结算的系统风险。

第五，为跨境重组提供安全透明的环境。

2. 建设开放、安全的金融服务零售市场。在电子商务和远程销售方法推广的背景下，消费者希望能够购买到基本的金融服务。

但大量存在的法律、行政和司法障碍却阻止这些基本服务（如单一银行账号和抵押贷款）的跨境购买和销售。为了能够实现建设开放、安全的金融服务零售市场的目标，《金融服务行动计划》制定了一系列具体的目标。

第一，向消费者提供必要的信息和保护措施①，使其能够充分、积极地参与到单一金融服务市场之中。

第二，逐渐消除对跨境服务提供起到阻碍作用的不协调的规则。

第三，制定有效的机制以克服单一金融零售市场的缺陷。

第四，创造法律条件使新的分销渠道和远程技术能够在跨欧洲的范围内发挥作用。

第五，打造成本合理、安全可靠的支付系统使市民能够在进行小额跨境支付时免于遭受过度收费。

3. 使用最高级别的金融监管体系。欧盟的法律保护措施需要与金融风险的新来源和最高级别的金融监管实践保持一致以便于控制系统或机构风险，并且能够充分考虑不断变化的市场现实。为此，欧盟委员会在《金融服务行动计划》中提出了以下目标：

第一，消除任何由于新金融业务或全球化而产生的监管框架的纰漏，并将其作为最紧要的目标。

第二，制定严密、恰当的标准使欧盟的银行服务部门能够成功地管理不断加强的竞争压力。

第三，努力发展欧盟的监管体系使其能够在市场结构的变化和全球化的背景下保持金融稳定。

第四，使欧盟能够在立法和监管方面制定全球标准中发挥关键角色。

---

① 指明确的权力和有效的争端解决机制。

5.4.2.2　总体目标

除了三个战略目标之外，《金融服务行动计划》还提出了一个总目标，即为建设最优化的单一金融服务市场创造更广泛的条件。对此，《金融服务行动计划》制定了两个目标：

第一，解决税收处理上的差异。

第二，创建一个有效、透明的法律系统用于对公司的监管。

5.4.2.3　行动方案

《金融服务行动计划》提出了 40 多项具体的措施，用于完成上述目标。这些措施可以分为两类：法律措施和非法律措施。法律措施主要指由欧盟理事会和欧洲议会负责采纳的各种规定和指令。非法律措施主要指欧盟委员会负责发布的通讯、建议和报告。《金融服务行动计划》中的主要措施、具体要实现的目标以及最后完成的期限列于表 5.3 中。

表 5.3　　　　　《金融服务行动计划》的主要措施

措　　施	最后期限	目　　标
战略目标 1：创建单一的金融批发市场		
《章程指令》	2005 的	在经发行方国家管理机构批准的章程的基础上为股票和债券的发行方制定统一的牌照。
《信息透明指令》	2007 年	为证券的发行者制定信息披露要求。
《扰乱市场指令》	2004 年	对与阻止内部交易和市场控制有关的规则进行协调。
《金融工具市场指令》	2007 年	对证券公司和交易所的商业行为及其管理机构进行管理；为证券公司提供升级后的欧盟经营牌照。
《国际会计准则条例》和《第四和第七公司法指令》	2004 ~ 2005 年	根据国际财务报告标准执行会计准则，提供公允价值报告。

措　　施	最后期限	目　　标
《欧盟委员会关于欧盟审计事务的建议》	2004～2005 年	明确法定审计师的责任、义务、独立性和道德以及接受审计行业公开监督的标准。
《清算终结性指令》和《欧盟委员会关于结算和清算的通讯①》	1999～2004 年	减少支付和证券清算系统的系统风险。
《财务担保指令》	2003 年	通过增加关于支持跨境交易财务担保协议有效性和强制性的法律的确定性来增加金融市场的一体化和成本效能。
《收购投标指令》	2006 年	通过为收购投标设定最低的出价指导线来提升跨境重组规则；为小股东提供保护。
《第十和第十四公司法指令》	1999～2002 年	促进跨境兼并；允许欧盟的公司将总部由一个成员国转移到另外的成员国。
《集体投资可转让债券企业指令Ⅲ》	2003 年	指令Ⅰ：协调成员国关于储户在集体投资可转让债券企业的资产的规则；确保统一的监管。指令Ⅱ：扩大集体投资可转让债券企业投资的金融工具的范围。
《企业退休规定指令》和《欧盟委员会关于退休金投资计划的通讯》	2005 年	优化养老金投资运转的条件；创造共同的方法对养老金投资进行登记、授权和监管。
战略目标 2：创建开放、安全的金融零售市场		
《保险中介指令》	2002 年	促进保险中介对服务的自由提供、提高对消费者的保护。
《金融服务远程销售指令》	2000 年	促进企业向消费者销售技术和规则的融合。
《向金融服务购买者提供清晰、易懂信息的通讯》	2000 年	建立消费者需要的基本信息要求以便对跨境金融服务提供者的信用以及服务的安全性进行评估。
《关于支付单一市场的通讯》	1999 年	确保跨境支付的安全和成本效能。

---

① 最初并不是《金融服务行动计划》中的措施。

续表

措　施	最后期限	目　标
战略目标3：使用最先进的监管规则和体系		
《清算指令》	2003 ~ 2004 年	为保险公司和信贷机构破产清算制定措施；赋予母国管理机构权力制定重组办法。
《电子货币指令》	2002 年	为电子货币机构制定新的监管规则。
《反洗钱指令》	2003 年	防止金融系统被用做洗钱。
《关于金融工具披露的建议》		对已经存在的关于银行账户和其他金融机构的指令进行补充。
《资本要求指令》	2007 年	为投资银行和信贷机构设定资本充足要求；制定规则为投资银行和信贷机构满足资本充足要求所需资本的量进行计算和监管。
《对偿债能力Ⅰ的修订》	2002 年	确保保险公司相对于其风险有充足的资本以便对消费者提供保护。
《金融企业集团指令》	2004 年	确定重要的金融企业集团并为每一个集团指派一个监管方。
总体目标：为建设最优化的单一金融服务市场创造更广泛的条件		
《储蓄税指令》	2000 年	消除私人储蓄税收处理上的差异。
审查欧盟公司监管行为	2000 年	确定公司监管在法律和行政管理方面的障碍。

资料来源：OECD Economic Surveys：Euro Area 2009.

5.4.2.4 《金融服务行动计划》推进金融市场一体化的效果评价

1. 批发市场一体化进展明显、零售市场一体化进展有限。《金融服务行动计划》是欧盟推进金融服务一体化的核心政策文件，其主要的目标是建设单一金融批发市场，建设开放、安全的金融服务零售市场[①]，建设最高级别的金融监管体系。为了实现上述目标，

---

① 本书中的金融零售服务指向个体客户（包括私人投资者）提供的活期账户、支付、个人贷款、房屋抵押贷款、储蓄、养老金、投资和保险等服务。

《金融服务行动计划》提出了40多个具体的措施。截至《金融服务行动计划》的最后执行期限——2005年年末，绝大多数措施都发挥了其作用，欧盟在金融批发市场、资本和银行同业市场的一体化取得了非常明显的进展，但有些金融服务部门的一体化进展不明显，市场仍然是分割的。

对于清算和结算市场而言，除了负责处理欧洲债券的实体之外，证券的清算和结算系统都是在国家的基础上发展起来的，每个国家或准国家的系统必然存在发展上的差异。除此之外，每个国家的商业实践不同，其采用的清算和结算系统就会采取不同的形式。商业实践的差异、缺乏统一的技术标准以及各成员国在财政、法律和规则上的差异导致跨境安排缺乏效率。其结果是欧盟的清算和结算系统与纯国内系统相比依然成本高、复杂、不安全。

对于金融零售市场而言，除了一小部分市场的一体化有所进展之外，其他部分的市场，尤其像支付和零售银行服务，依然是分割的，无法实现跨境交易。不同的管理和消费者保护框架、税收政策、分割的基础设施构成了进入市场的法律和经济壁垒。法律壁垒会阻止或复杂化某些金融产品的提供、阻碍市场基础设施的使用，进而会限制竞争、不能激励创新。对于经济壁垒而言，一成员国的企业如果在另外的成员国经营需要适应该成员国的产品、商业模式和定价策略，这会增加企业的经营成本。这些壁垒会阻碍市场准入、缩小消费者的选择、推高消费者承受的价格。另外，消费者无法获得信息，或者无法获得完整信息会使消费者无法选择最优的交易。

2. 各成员国政策转变上的差异导致的市场分割和法律不确定性的风险依然存在。《金融服务行动计划》总体上是成功的，42项措施中有39项成功地在规定的日期之前得到采纳。但各成员国将《金融服务行动计划》转变为成员国国内法律的步调却存在差异，有的甚至出现了延迟，这导致了持续的市场分割和法律的不确定性。进行跨境交易时，成员国在法律上的差异会导致成本差异。这种法律上的差异，一方面来自于成员国进行法律转变的差异；另一方面来自于各成员国的监管机构在实际执行同等的金融服务法规上的差异。这些差异将导致企业在成员国层面增加较高的不确定性成本，进而损坏一体化市场的有效性。

3. 新法律框架下的过度立法和不一贯的风险依然存在。《金融服务行动计划》是改进欧盟金融服务市场法律框架的政策工具。确保金融服务市场法律框架的连贯性与一致性对于取得该框架的全部利益至关重要。过度立法会对金融产业造成不必要的成本负担。

金融服务内部市场的效率在很大程度上取决于有效的监管和对规则的有效执行。日益增多的金融服务和资本的跨境流动对共同体监管系统来说是一种挑战。大型金融企业已经从以国家为基础的结构转变为以中央管理为基础的跨欧洲商业模式。这些转变需要更加简化的、低成本的跨境和跨部门监管安排。为此，有效的监管合作十分必要。为了避免市场的不确定性，市场规则和监管的一致性同样十分必要。但截至 2005 年年末，共同体监管机构之间的有效合作才开始起步。

5.4.3　《金融服务白皮书》

《金融服务行动计划》推动了欧盟金融服务的一体化：金融服务业的绩效提高了；流动性提升了；竞争性提高了；盈利性增强了；更加稳定了。相信随着未来对《金融服务行动计划》中措施的持续有效的执行，这些利益会持续增长。但也应该看到，欧盟金融服务仍有很多没有解决的问题：跨欧盟长期存款的效率需要进一步提升；巨大的养老金缺口需要填补；金融零售内部市场远未实现；功能良好的风险资本市场需要建设以促进创新型企业的发展。为了解决这些问题，进一步推进欧盟金融服务一体化，欧盟委员会推出了《金融服务白皮书：欧盟 2005 - 2010 金融服务政策》。

5.4.3.1　欧盟继续推进服务市场一体化的动机

动态的、高度竞争的金融服务市场对所有其他经济部门来说是其发展的驱动力。进一步推动欧盟金融服务一体化的发展可以收获很多益处，这些益处也是各方积极推动金融服务一体化深化发展的内在动机。

1. 有利于国际贸易和跨境投资。欧盟金融服务一体化的深化发展可以促进跨境贸易①的发展，会使欧盟的市场对内部资本和国际资本的流入更具吸引力。同样，建设流动的资本市场可以使欧盟的企业在欧盟内部更加容易地进入市场，有利于企业实现欧盟内部的扩展甚至向海外扩展。

2. 有利于内部市场的竞争。促进金融服务市场一体化深化发展的目的之一是为不同的市场创造一个公平竞争的机会，同时促进服务提供者之间的竞争，这种竞争将有利于最终的消费者使其可以获得低价格、高质量、多选择的好处。

3. 有利于企业的投资、成本、产品和服务。进一步推进欧盟金融服务一体化可以使欧盟的金融服务企业获得由内部市场创造的规模经济、范围经济的利益，可以促进其以较低的价格创造更多具有创新性的产品。

除此之外，对非金融服务部门而言，中小企业可以获得更多的风险资本来源，可以获得更多具有创新性的、低成本金融服务促进其发展。同样，大企业可以获得资本成本下降以及金融产品选择多样化带来的利益。

4. 有利于企业减少行政管理的负担。将成员国国内的规则转变为与欧盟共同规则一致的规则极具挑战，成员国的执行机构以及

---

① 这里的跨境贸易既包括欧盟内部的跨境贸易也包括国际贸易。

市场参与者会承担较高的调整成本。但只要成功地实现规则的协调，成员国多样化的规则被一套规则所取代，将使企业行政管理的成本负担大大地降低。

5. 有利于消费者。金融服务市场一体化的深化可以对消费者产生直接和间接两种效应。直接效应是：金融服务市场一体化的深化可以促进金融服务提供者之间的竞争，进而可以促使其降低成本、提高服务质量、开发更多的产品，最终使消费者获益。间接效应是：通过在欧盟的范围内增加资本的流动性、分散风险、提升资本分配的效率，消费者可以获得更多的投资机会，可以获得更高的投资回报。

6. 有利于宏观经济。从金融服务部门增长的潜力、占 GDP 的份额以及对其他经济部门进行融资的角度来看，金融服务部门对现代经济总体的竞争力具有直接、决定性的影响。通过金融服务一体化的深化发展，金融服务的稳定性会增强，公共服务部门可以以较低的价格满足其融资需求。此外，通过金融服务一体化的深化发展可以创造高效的、跨欧洲的长期储蓄产品市场，进而可以促进欧洲长期面对的结构性问题，即养老金缺口问题的解决。

5.4.3.2 政策目标

《金融服务白皮书》出台的主要目的是促进金融服务市场一体化的深化发展。为此，欧盟委员会提出了四个总体的目标，作为欧盟 2005～2010 年金融服务的政策。

第一，强化欧盟金融服务内部市场建设，使其成为一体化的、开放的、内容丰富的、具有竞争性的、高效的市场。此目标最主要的内容是寻求金融服务市场一体化。

第二，移除剩余的重要的壁垒，使金融服务能够以尽可能低的成本在欧盟的范围内自由地提供；资本能够以尽可能低的成本在欧盟的范围内自由地流通。此外，在有效的监管和商业行为规则的约束下，使金融服务能够更加稳定，消费者能够获得更多的利益、获得更高水平的保护。此目标的深层含义在于：在保持金融稳定、市场一体化以及实行较高水平的消费者保护的同时通过公平、有效的竞争确保市场功能的正确发挥。

第三，对现有的立法不断贯彻、执行的同时对其进行评估。此外，严格地将更好监管的议事日程应用于未来提案的发起。此目标的深层含义在于：将为了完成更好监管的目标而产生的由企业承担的行政管理负担控制在可控制的范围内。这需要欧盟的监管部门持续地关注由于各成员国政策转换的差异以及过度立法而给企业增加的行政管理负担。

第四，提升监管的合作与融合、深化与其他全球金融市场的关系、强化欧盟的全球影响①。

5.4.3.3 《金融服务白皮书》推进市场一体化效果评价

《金融服务行动计划》自1999年出台以来就成为了推进金融服务一体化的核心政策。从宏观的视角来看，《金融服务行动计划》已经为欧盟金融服务的许多领域的一体化确立了法律基础，使欧洲的金融市场不断拓展，证券市场变得更具吸引力，金融服务企业的收益更高。

与《金融服务行动计划》不同，《金融服务白皮书》的目的不是制定一系列政策措施，并为这些措施的执行规定时间表，《金融服务白皮书》的主要目的是传达金融服务一体化的利益、如何监控和执行《金融服务行动计划》提出的政策，其焦点并不是建议新的立法措施。而一旦有必要必须出台新的立法时，每一项新的立法提案也必须遵从"更好监管的原则"（Better Regulation Principle）。

在很多领域，欧盟的法律框架制定了最低的标准，成员国在进

---

① 此目标涉及金融服务与欧盟外部的合作，不是本书研究的内容，只是为了保持完整性而将其列出。

一步推进金融服务市场自由化的过程中必须遵从。截至 2007 年年末，欧盟已经制定了 26 个独立的措施用于为欧盟的成员国制定共同的规则和标准。同时，依据 Lamfalussy 程序①，欧盟为特定的框架指令制定了多项执行措施。截至 2008 年上半年末，除了很少的违规案例外，欧盟成员国政策的转换状况总体良好。

通过对《金融工具市场指令》（MarketsIn Financial Instrument Directive，MiFID）的执行，证券市场一体化程度显著提高。《金融工具市场指令》制定了一套综合的金融监管制度用于对欧盟内金融交易和经纪人的监管。首要的措施是加强对投资银行单一牌照的执行，使其在单一国家授权的基础上在欧盟任何地方都能够经营；加强对投资者的保护；促进交易所之间的竞争。但就将指令转变为成员国国内法律方面，有些成员国出现了延迟，对此，欧盟委员会不断进行跟进。由于时间短暂，《金融工具市场指令》的总体效果很难评价，但可以预期的是该指令可以降低金融交易的成本、促进资本市场的深化。

《金融服务白皮书》出台之后，欧盟的金融服务政策开始与更好监管议程相关联，欧盟对现有规则简化的可能性以及不同金融服务部门规则不一致的地方进行了审查。此外，欧盟提出了一些措施用于减少与投资基金有关的规则的数量。这些措施预期能够降低交易的成本、提高欧盟金融服务市场的效率。

零售银行和居民抵押贷款市场在欧洲依然几乎全部限定在成员国内部，呈分割状态，主要的原因在于成员国之间不同的监管制度

---

① Lamfalussy 程序是对欧盟金融产业立法程序的发展，最初产生于 2001 年 3 月，以负责制定该程序的欧盟咨询委员会主席 Alexandre Lamfalussy 的名字命名。该程序是一个包括四个阶段的立法程序，在第一阶段由欧洲议会和欧盟理事会采纳一项立法提案，确立法律的核心价值并制定执行该法律的指导方针；在第二阶段具体部门委员会和立法者就技术细节进行咨询，然后将其递交成员国代表进行表决；在第三阶段，成员国立法结构就新立法与其他成员国展开合作；第四阶段主要涉及对新的法律和规则的遵从与执行。

和体制结构。通过采取降低银行转账交易成本的措施可以给零售银行造成竞争压力，促进其竞争。欧洲银行业委员会采取措施促进银行的转账，但能否促进跨境银行账号的流动性需要进一步的观察（Deutsche bank，2008）。

2007 年 12 月，欧盟委员会出台了《欧盟抵押贷款市场一体化白皮书》，其主要的政策目标包括：促进跨境抵押贷款的供给；增加满足消费者需求的产品的多样性；增强消费者的信息；促进客户的流动性。目标进展缓慢，其主要的原因是欧盟成员国住房市场的体制性因素不同。由于向家庭和小企业提供贷款，银行需要大量有关贷款者的信息，地理上接近可以有利于这种信息的获取，因此，零售银行服务很有可能通过外来提供者的进入而促进其一体化发展。但就近期来看，零售银行服务仍旧会保持本地服务的状态。在国内市场上，消费者倾向于选择本地服务商，而不会去选择距其遥远的供应商。之所以消费者会有这种倾向，主要原因在于语言、文化的差异以及消费者对本地金融服务产品、国内环境以及金融服务供应商的熟悉。因此，欧盟在关注移除法律障碍促进跨境投资的同时也应该关注上述这些非法律跨境交易障碍。

总之，《金融服务行动计划》有效地推动了金融批发市场的一体化，但对于推动金融零售市场一体化的作用甚微，截至《金融服务白皮书》出台之前，绝大多数的金融零售市场仍然保持分割状态。《金融服务白皮书》的主要任务之一是推进金融零售市场的一体化，但收效依然不显著，金融零售服务的跨境交易依然存在许多壁垒。为了进一步推进金融零售市场的一体化，充分发挥金融市场促进就业和增长的潜力，欧盟仍然有很长的路要走。

5.4.4　白皮书出台之后欧盟推进金融服务市场一体化的措施

2008 年金融危机爆发以来，维持金融市场的稳定成为欧盟金融服务贸易政策的首要目标，为了实现这一目标，欧盟委员会于2009 年发起了一项新的金融改革计划，该计划成为继白皮书之后欧盟金融服务贸易政策的主要法律文件。

5.4.4.1 改革欧盟的金融监管框架

金融危机使欧盟认识到其跨境监管合作缺乏效率、反应迟钝，无法就金融市场的变化及时作出调整。为了使欧盟能够对危机尽早进行干预、保持金融市场的稳定，欧盟发起了金融改革计划。

依据金融改革计划，欧盟委员会于 2009 年 5 月底之前发起一系列金融监管提案。这些提案主要涉及两个因素：第一，涉及宏观监管的措施——成立欧盟机构对整个欧盟的金融服务市场进行监管；第二，涉及微观监管措施———些关于欧盟金融监管系统的提案。

此外，加强欧盟的危机管理和干预机制十分重要，为此，金融改革计划建议每个成员国都应具备恰当的危机干预机制以便尽早对陷入困境的银行和保险公司进行干预，维持金融服务的稳定；确保公众对金融系统的信心；保证关键金融服务的连续性。依据金融改革计划，欧盟委员会于 2009 年 6 月出版了一份关于尽早干预的白皮书。

为了改革欧盟的金融监管框架，欧盟委员会提议成立欧盟系统风险委员会（European Systemic Risk Board）负责宏观监控和宏观经济风险预警。此外，欧盟委员会提议成立三个欧盟监管机构，分别负责对银行、保险和证券市场进行监管，以实现加强监管和成员国监管机构更好合作的目的。

5.4.4.2 实现更强、更丰富和"安全第一"的监管

2008 年的金融危机使欧盟层面以及成员国层面监管框架的缺陷暴露无遗。同样也使欧盟认识到金融服务部门监管的分割性和不

完全融合性。部分金融系统根本就缺乏有效的监管。一些复杂的金融产品没有被充分熟知，监管力度不够。在这样的背景下，欧盟委员会提出在"安全第一"原则的基础上，填补欧盟层面和成员国层面监管的不足。为了实现这一目标，欧盟委员会在计划书中建议了以下措施：

第一，构建一个内容丰富的立法工具为对冲基金（Hedge Funds）、私募股权（Private Equity）和其他的市场重要参与者提供立法和监管标准。

第二，推出一部关于尽早干预以阻止危机的工具的白皮书。

第三，在关于金融衍生品和其他复杂结构性产品的报告的基础上采取举措以增加透明度以及确保金融市场的稳定。

第四，强化用于银行交易活动的资本要求，升级用于复杂证券化的资本要求，两者均通过对《资本要求指令》进行修订来实现。

第五，发起立法提案用于解决流动性风险和过度杠杆问题。

第六，建立一套更加一致的监管规则。

5.4.4.3　加强对投资者、消费者和小企业的保护

欧盟的投资者、消费者和中小企业是此次金融框架改革的核心，为了确保投资者、消费者和中小企业分别对存款、获得贷款和金融产品充满信心，欧盟委员会提出了以下措施：

第一，推出一个关于零售投资产品的文件用于加强市场保护的有效性。

第二，采取进一步的措施加强对银行存款、投资者和保单持有人的保护。

第三，采取措施确保借贷方的可信赖性，包括构建一个可信赖的关于信用中介的框架。

5.4.4.4　提升风险管理、优化薪酬激励机制

许多金融机构的工资和奖金是不合理的，倾向于承担过多的风

险。不确定的利润和短视行为往往获得鼓励，而长期计划却受到忽视，股东的控制行为基本不存在。如果金融机构想要重拾欧洲投资者和企业的信任和信心，欧盟必须在公司监管和薪酬结构方面采取措施，为此，欧盟委员会在金融改革计划中提出了两项措施：

第一，强化欧盟 2004 年《关于上市公司董事薪酬的建议》，在金融服务部门的薪酬计划中应极力避免不恰当的激励机制和过分承担风险的行为。

第二，出台一部新的关于金融服务部门薪酬的建议，之后在对《资本要求指令》（Capital Requirements Directive）和其他相关部门立法修订的基础上，实现金融监管机构对薪酬政策存在风险的金融机构实施资本制裁。

5. 4. 4. 5　使制裁措施更具威慑

2008 年金融危机使欧盟认识到现有制裁措施是脆弱的、十分混杂的，为了确保对市场的不当行为进行制裁达到效果，欧盟委员会提出了两项措施：

第一，对《市场滥用行为指令》进行审查。

第二，对如何以和谐的方式加强制裁以及制裁得到更好的执行提出建议。

第6章

欧盟金融服务市场
一体化水平分析

6.1　金融服务一体化概述

6.1.1　金融服务一体化的概念

到目前为止，金融服务一体化并没有广泛认可的概念。一般认为，一个最优化的金融服务一体化市场中，跨越地理边界的相同的产品和服务的价格应该趋同，供给和需求能够对跨境的价格差异迅速做出反应。此外，一个一体化的金融服务市场中，所有的市场参与方（包括消费者和金融服务提供企业等），不管其企业注册地在何处，都能够在相同的条件下买卖金融服务和产品。如果能够实现上述两点，金融服务一体化市场将能够为风险分散提供更多的机会、能够实现资本的更合理的分配和更高的经济发展水平[①]。基于上述金融服务一体化市场的特征，本书中将金融服务一体化市场定义为：将原来的区域内分散的金融服务市场融合为一个单一的一体

[①] Commission of the European Communities. European Financial Integration Report [R]. Brussels: Commission of the European Communities, 2007.

化市场的过程。因此，欧盟金融服务一体化的目标是在欧盟的区域内建成一个单一的金融服务市场。

6.1.2 欧盟金融服务一体化的壁垒

随着欧盟金融服务一体化的深化发展，市场参与者已经能够享受交易成本下降、更多的金融服务选择等好处，但欧盟的金融服务市场仍然存在许多壁垒，阻碍一个完全一体化的金融市场的出现（Kleimeir and Sander，2002；EC Economic and Financial Committee，2002）。这些壁垒主要体现在四个方面：

第一，如果两个司法管辖区使用两种不同的货币，汇率的波动会产生风险，投资者在持有用外币标价的证券时往往要求风险溢价。即便汇率没有产生波动，用于货币转换的交易成本不同也会引发套利行为。

第二，各国税收和补贴政策的不同会使不同国家资本的税后成本产生差异，这同样构成金融服务市场一体化的障碍。

第三，监管和执法的差异将使金融中介不能在同等的条件下进行跨境竞争。监管规则的差异对于金融中介来说是一种非常坚固的市场准入壁垒。此外，各国司法的效率会有所不同，这种差异会使金融中介机构对司法效率较低的成员国收取较高的利息以弥补风险可能带来的损失。

第四，监管约束和国内原有企业与国外市场进入者之间信息的不对称会构成市场准入的限制。这种壁垒在信贷市场尤为明显，本地企业信息的不透明以及本地家庭对本地企业和文化的熟悉会赋予本地信贷机构一种非正式的优势，对国外信贷机构来讲这种非正式的优势构成了其市场准入的无形壁垒①。

---

① Tullio Jappelli and Marco Pagano. Financial Market Integration under EMU ［R］. Brussels：European Commission，Directorate-General for Economics and Financial Affairs，2008.

值得一提的是，随着欧元的使用，欧元区内汇率波动的风险和汇率交易的成本已经消除了，汇率波动的风险已经不再是欧盟金融服务一体化的壁垒。目前，欧盟金融服务一体化的壁垒主要体现在金融服务的监管规则方面。

6.1.3　欧盟区域内金融服务市场一体化的影响分析

金融服务一体化的深化发展不仅可以促进金融服务市场自身功能的提升，而且还可以为市场参与者带来好处。本节首先分析金融服务一体化的发展对金融服务市场功能的影响；其次进一步分析金融服务市场效率的提升如何转化为市场参与者的利益。

6.1.3.1　金融服务市场一体化对金融服务市场功能的影响

通过与世界上相对分割的金融服务市场进行比较，欧盟区域内金融服务市场一体化预期可以为其金融服务市场产生如下影响：

第一，增进交易所之间和市场之间的竞争。区域内金融服务壁垒的消除会促进市场之间和交易所之间的竞争，这种竞争的加剧会促使上市和交易成本下降。此外，与日俱增的竞争压力会促使金融服务机构在交易流程中进行技术创新，这会使交易进程缩短并使交易成本进一步下降。

第二，促进金融中介机构之间的竞争。金融中介机构之间竞争的加剧会导致佣金和交易成本的下降，并会对金融中介机构产生刺激作用，促使其进行技术创新，不断增加产品的种类。

第三，通过规模经济降低成本。欧盟区域内金融服务市场一体化的深化发展会使金融服务企业经营的市场范围扩大，很可能会使金融服务企业获得规模经济的效应，随着其单位交易成本的下降，与交易有关的费用会进一步降低。

第四，银行和其他传统的为企业融资的机构会面临来自金融市场更加激烈的竞争。随着市场的扩大，欧盟区域内的企业会有更多、更便利的融资渠道进行选择。在这样的竞争压力下，银行会降低贷款成本和与贷款有关的费用。

第五，提升价格透明度。欧盟金融服务市场一体化的深化发展会使金融服务企业从更多的渠道搜集足够的信息，其金融资产的价格将更能够体现其潜在的价值。由于对企业绩效方面的信息需求增加，企业的行为将受到更严格的监管。

第六，增加金融市场的深度、降低流动性风险。当欧盟区域内的投资者可以以同等的条件从来自任何一个成员国的企业购买资产时，相当于对欧盟区域内每个企业发行的股票和债券的需求增加，这会导致市场的深化，进而会引起交易量增加、流动性风险降低。

第七，风险资本市场扩大。金融服务市场一体化的深化发展会导致金融服务市场的扩大，市场的扩大会更好地分散风险，进而会使风险资本要求的回报率降低。

6.1.3.2　消费者的预期收益

金融服务市场一体化的深化发展会使消费者获得以下预期收益：

第一，交易成本降低。交易所之间和金融中介机构之间竞争的加剧会使平均交易成本降低。投资者可以对其投资进行更有效的重新组合，进而可以增加投资净回报率。

第二，增加经风险调节的预期回报率。市场的扩大会分散投资风险，使具有相同预期回报率的均衡投资组合的风险降低。

第三，增加金融产品的可获得性。金融中介机构之间竞争的加剧会促使其不断开发为消费者量身定做的、对消费者更具吸引力的金融产品，这会增加投资者的福利。

第四，价格能够传达更多的信息。在金融服务市场不断扩大、更加开放、功能更完备的情况下，金融服务价格的传导机制将变得更加有效。不断增加的价格透明度会使所有的市场参与者受益。通过降低所持有资产的可预见性风险，投资者可以增加一个给定的资产组合的经风险调节的回报率。

第五，通过提升整个经济的表现使消费者间接受益。金融服务市场功能的提升会促进经济的增长、增加就业、激励创新、增加财富，因而使消费者间接受益。

6.1.3.3　企业的预期收益

金融服务市场一体化的深化发展会对企业通过股票和债券市场进行融资的成本产生影响。

第一，降低交易成本。金融中介机构之间激烈的竞争会使投资银行和其他中介相关费用降低。市场利差的降低会使投资者持有的资产对其更具吸引力，进而通过交易量的扩大，增加市场的流动性。

第二，降低投资者要求的回报率。如果每一只股票的风险都能够容易地在投资者之间分散，持有该股票的投资者对其投资的回报率的要求也会相应地降低。这相当于企业发行的股票的价格升高，直接减少了企业融资的成本。

第三，降低银行贷款的利率。金融服务一体化的深化发展会使企业在欧盟区域内融资的渠道增加，为了应对来自于其他融资渠道的竞争，银行会降低对企业贷款的利率。

第四，企业会面对更大的潜在投资群体。金融服务市场一体化的深化将允许欧盟区域内的投资者以同等的条件购买来自任一成员国企业发行的股票和债券，投资群体的增加会加剧投资者之间的竞争，促使企业发行的股票或债券价格的升高，相当于企业降低了融资的成本。

第五，降低股票被市场接受的价格的不确定性。在金融市场不发达的国家，投资银行可能遭受较高的承销和相关费用。随着金融服务市场一体化的深化发展，企业和市场的不确定性会大大降低，这类成本也会相应降低。

第六，增加企业对风险资本和高风险资本的使用。鉴于"高风险高收益"的原则，企业在寻求高风险融资时往往会遭受很高的成本。随着金融市场的深化，高风险资本的总体供给会增加，因此，会降低这类资本融资的成本。

第七，更好的信息流动。当市场能够提供更多的关于企业的信息时，会降低投资者持有公司的股票和债券所要求的风险溢价（the Risk Premium），因此，会降低企业的融资成本。

第八，投资者认知效应。新上市的公司会面临金融市场的严格监管，这会起到增加企业在市场上总体认知度的效果。相应地，随着企业认知度的提升，企业未来发行股票的风险溢价就会降低。

总之，欧盟金融服务一体化的深化发展会对欧盟区域内金融市场的结构和运行产生深远的影响。一个开放、有效率的欧盟金融服务统一市场会使消费者和企业都受益。通过投资组合的多样化和更具流动性和竞争力的资本市场，投资者可以获得更高的经风险调节的投资回报。企业会因更加便利的融资而获益。金融服务中介机构之间的竞争使其能够以具有竞争力的价格为企业提供多样化的产品。整个经济范围内更加合理的用于投资的资本的配置会实现 GDP 的更均衡的发展。较高的人力资本投资、实体资本投资和研发投资，能够更进一步促进经济的发展。具体的金融服务市场一体化影响的传导机制见图 6.1。

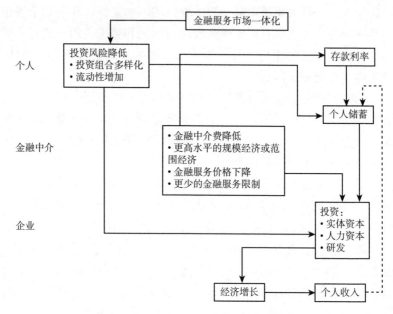

图 6.1　金融市场一体化影响的传导机制

6.2　欧盟金融服务市场一体化的水平和趋势分析

本节首先阐述了测量欧盟金融服务市场一体化所使用的主要方法，然后分货币市场、债券市场、股票市场和银行市场四个方面分析了欧盟金融服务市场一体化的水平和趋势。

6.2.1　金融服务市场一体化水平的评价方法

金融服务市场一体化水平有两种评价方法，即直接评价方法和间接评价方法①（Schüler et al., 2002）。衡量金融服务市场一体化水平的最好方法是直接法，即直接列出所有影响一体化水平的争执和壁垒，然后查验这些争执和壁垒是否继续存在。实际上，完全列出这样一份清单是不可能做到的。间接评价方法思路是分析壁垒产生的结果，即通过价格或数量进行分析（Schüler et al., 2002）。由于间接评价方法可以通过分析大量的指标的变化而更容易、更客观，因此，本节对欧盟服务市场一体化的评估采用间接评价的方法。

为了测量欧盟金融服务市场一体化的水平，本节主要采用两类指标——以价格为基础的指标和以数量为基础的指标。以价格为基础的指标包括对与服务的原产地不同而产生的价格差异的衡量。通过对这类以价格为基础的指标的比较，一般认为一体化程度越高，来自不同成员国的金融产品或服务的价格或收益就越趋同。这种方法的思想来源于"一价法则"，也就是说，如果市场高度一体化，那么不管在欧盟的何地进行交易，具有相同特征的金融资产的价格应该相同。以数量为基础的指标遵循这样的原则：一体化会导致金融服务的使用者在欧盟区域内更加分散并增加其跨境购买的行为。以数量为基础的指标主要包括跨境交易的份额和投资者投资组合的地理分散程度等。

6.2.2 货币市场一体化水平和趋势分析

货币市场通常被定义为：期限不超过一年的短期债务市场，由很多部分组成，主要可以分为无担保债务（Unsecured Debt）市场、担保债务（Secured Debt）市场和短期债务衍生品（Derivatives of

---

① Schüler, Martin, Heinemann, Friedrich. How integrated are the European retail financial markets? A cointegration analysis. Research notes working paper series, 2002, No. 3b: 31－56.

Short-Term Debt）市场三类（Lieven Baele et al.，2004）。本节将通过指标对货币市场一体化的水平和趋势进行定量分析。

6.2.2.1 基于价格指标的分析

此处的分析，选择欧元区国家跨境银行间隔夜平均拆借利率标准差、跨境银行间回购利率标准差和跨境银行间无担保拆借利率标准差三个指标进行分析，标准差越小，货币市场的一体化程度越高。

如图 6.2 和图 6.3 所示，欧元区国家跨境银行间隔夜平均借款利率标准差自 1999 年欧元启动以来急速下降，接近于零，在此之后保持稳定状态，一直持续至美国金融危机开始显现的 2007 年，说明自欧元启动以来，欧元区银行间隔夜借贷市场的一体化程度在这段时期很高。但该市场一体化程度受金融危机影响自 2007 年开始逆转，标准差不断升高，在 2009 年下降之后，随着欧洲主权债务危机的爆发，标准差在 2011 年达到了自欧元启动以来的最高点，2012 年开始下降并趋于平缓，但仍高于危机前的水平。说明金融危机和欧洲主权债务危机对欧元区银行间隔夜借贷市场一体化的影响较大，使其一体化水平出现了很大幅度的倒退。

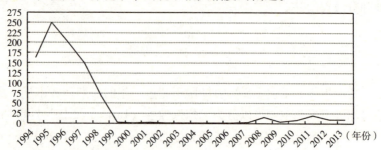

图 6.2　1994～2013 年欧元区跨境银行间隔夜平均借款利率标准差

注：图中数据为月度数据，为每一年 10 月末的数据。

资料来源：ECB（2013）.

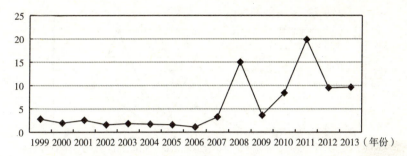

图 6.3　欧元启动以来欧元区跨境银行间隔夜平均借款利率标准差

注：图中数据为月度数据，为每一年 10 月末的数据。

资料来源：ECB（2013）。

图 6.4 显示的是欧元区 1 个月期限的跨境银行间无担保借款利率和回购利率标准差的变化趋势。与隔夜借贷利率的趋势一样，跨境银行间无担保借款利率和回购利率标准差在 2007 年之前均达到了很低的水平，说明这段时间跨境借贷市场的一体化已达到了很高的水平，但受金融危机和欧洲主权债务危机的影响，跨境无担保市场和跨境回购借贷市场一体化的水平在 2008 年和 2011 年均出现了很大程度的倒退，2012 年开始，两个跨境借贷市场的一体化水平开始逐渐地恢复，其中，跨境回购借贷市场的一体化水平已经超过了危机前的水平。

总之，通过价格指标的表现可以看出，自欧元启动以来欧元区货币市场的一体化已经达到了很高的水平，接近于完全的一体化。金融危机和主权债务危机对货币市场一体化水平影响较大，使一体化趋势出现了逆转，这种逆转的趋势是暂时的还是长期的需要做进一步的观察。

6.2.2.2　基于数量指标的分析

如果区域货币市场的一体化程度加深，区域内短期借贷交易的比率应该上升，基于这一点这里选取欧元区居民发行的短期债持有

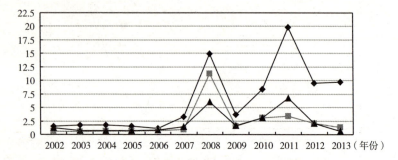

图中三条曲线图例：
- ◆ 跨境银行间隔夜平均拆借利率标准差
- ■ 跨境无担保借款利率标准差，1个月期限
- ▲ 跨境回购利率标准差，1个月期限

图6.4 欧元区跨境银行间利率标准差

注：图中数据为月度数据，为每一年10月末的数据。

资料来源：ECB（2013）.

者的来源结构作为分析货币市场一体化程度的数量指标。

如图6.5所示，欧元区无担保短期借贷市场交易中来自欧元区内其他成员国的跨境交易所占的份额在2006年时已经超过了50%，自金融危机爆发以来逐步下降，尤其是在主权债务危机爆发之后，比例下降更为明显，至2013年，这一比例已经下降至26.8%。与此同时，欧元区无担保短期借贷市场交易中来自国内交易的比例却在稳步提升，至2013年这一比例已经上升至49.8%。说明随着金融危机和欧洲主权债务危机的爆发，欧元区无担保短期借贷市场交易中本国的倾向性越来越严重，其结果是成员国之间无担保抵押市场利率差异性增加，市场一体化程度出现了倒退。

如图6.6所示，欧元区有担保短期借贷市场交易中来自欧元区内其他成员国交易所占的份额变化相对较小，2012年和2013年均保持在50%以上，2013年比2012年的比例略有上升，由50%升至50.3%。这说明有担保短期借贷市场的一体化水平受危机影响较小，最近两年的表现尤为明显，这与近期欧元区回购利率标准差下降相吻合。

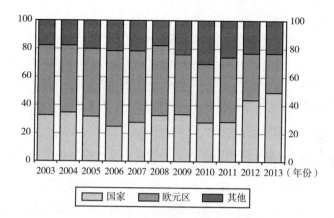

图 6.5 欧元区无担保短期债交易方来源结构

资料来源：ECB's Euro Money Market Survey 2013，16 – 17.

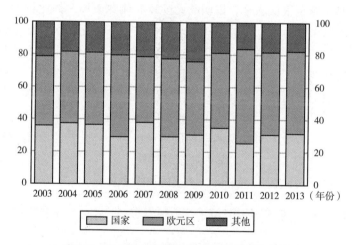

图 6.6 欧元区有担保短期债交易方来源结构

资料来源：ECB's Euro Money Market Survey 2013，21 – 30.

6.2.3 债券市场一体化水平和趋势分析

为了分析的方便，将债券市场分为政府债券市场和企业债券市场两类。并用价格指标和数量指标分析债券市场的一体化水平和趋势。

6.2.3.1 基于价格指标的政府债券市场一体化水平和趋势分析

政府债券（Government Bond）收益的离散程度是衡量政府债券市场一体化水平非常有效的价格指标。收益差异离散程度越低，政府债券市场的一体化程度越高。

如图 6.7 所示，欧元区政府债券收益的离散程度自欧元启动以来急速下降至很低水平，说明欧元区政府债券市场一体化程度自欧元启动以来接近于完全的一体化水平。这种一体化的水平在金融危机爆发之前发生了逆转。从 2007 年开始至 2008 年年末，无论是欧元区还是非欧元区国家的政府长期债券收益的离散度加大，说明这段时期欧盟政府债券市场的一体化程度有所降低。但自 2009 年开始，欧元区和非欧元区国家的政府长期债券收益的离散度同时开始下降，某种程度上可以说明金融危机对市场一体化的不利影响有所缓解（见图 6.8），但收益的差异仍然处于较高的水平，尤其对其他的非欧元区欧盟国家来讲，收益的离散程度更大。

6.2.3.2 基于价格指标的企业债券市场一体化水平和趋势分析

以欧元标价的企业债券的收益取决于信用级别、期限、流动性等因素的影响。在一个理想化的完全一体化企业债券市场中，这些影响因素对企业债券收益的影响在所有的成员国中应该是同一的。因此，可以通过研究影响企业债券利差的因素当中是否含有国内因素的办法来衡量企业债券市场的一体化水平。在一个一体化的市场

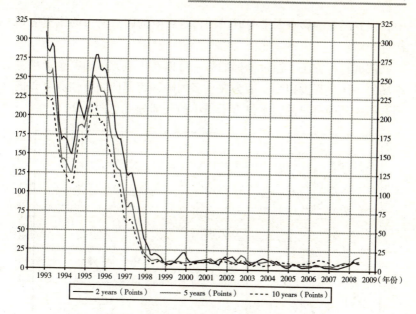

图 6.7 欧元区政府债券利差的分散程度

资料来源：ECB Statistical Data Warehouse.

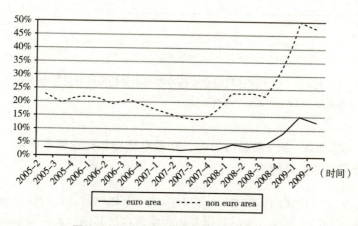

图 6.8 欧元区政府长期债券收益的趋同度

注：图中数据为月度数据，以变异系数计算。

资料来源：European Financial Integration Report 2009.

中，债券息差的影响因素中成员国自身影响的因素所占的比重应该接近于零。

依据这种方法，通过指标的显示可以看出欧元区国家企业债券市场的一体化程度很高，因为在众多的解释跨部门企业债券息差的因素中成员国自身的因素仅占了很小的一部分（见图6.9）。

图6.9 欧元区部门间企业债券收益差异的解释变量结构

资料来源：ECB Statistical Data Warehouse.

6.2.3.3 基于数量指标的长期政府债券和企业债券市场一体化水平与趋势分析

一个一体化的债券市场中，跨境持有的区域内发行的债券的比重应该很高，因此，金融货币集团跨境持有的其他欧元区国家发行的债券占其持有的债券总额中的比重是一个很好的衡量债券市场一体化水平的数量指标，比重越高，市场一体化水平就越高。

　　如图 6.10 所示，货币金融集团跨境持有的欧元区发行债券的比重从 1997 年到 2006 年不断上升，到 2006 年上半年时已经超过了 40%，这段时期债券市场的一体化水平是不断升高的。从 2006 年下半年开始，比重持续走低，说明一体化水平不断降低，出现这种情况主要是受金融危机和欧洲主权债务危机的影响所致。债券市场一体化水平的下降是暂时的现象，不是长期的趋势，因为从 2012 年下半年开始，货币金融集团跨境持有的欧元区发行债券的比重已经开始趋于平稳并略有上升的趋势。

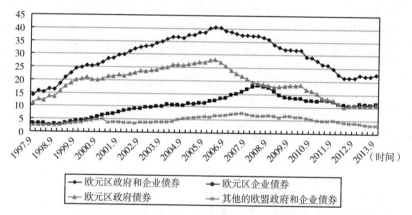

图 6.10　货币金融集团跨境持有的欧元区发行的债券和

欧盟其他政府和企业债券的份额

资料来源：ECB Database.

　　与货币金融集团跨境持有的欧元区发行债券的比重指标类似，投资基金持有的其他欧元区国家债券在其持有的债券总额中的比重也是评价债券市场一体化水平的一个非常重要的指标。1998～2006 年，投资基金持有的其他欧元区国家债券在其持有的债券总额中的比重不断上升，债券市场一体化水平不断提升，与上面指标的表现类似。2006 年开始小幅下降，之后趋于平稳，直到 2010 年开始持续小幅下降。2010 年比重的持续下降主要是由欧洲主权债务危机导致的，是一种偶然因素造成的下降并不是长期趋势，因为从 2012 年下半年开始，比重开始略有上升了，相信随着危机解除，债券市场一体化水平还会向继续深化的方向发展。

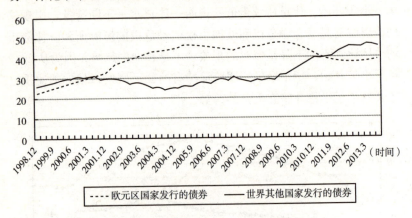

图 6.11   投资基金持有的其他欧元区国家债券在
其持有的债券总额中的比重

资料来源：ECB Database.

6.2.4   股票市场一体化水平和趋势分析

6.2.4.1   基于价格指标的分析

由于股票的收益不能够进行直接的比较，因此，评价股票市场一体化的程度要比评价货币和股票市场困难得多①。一般来讲，在一个一体化的股票市场当中，股票的价格应该由共同的因素来驱动，而不是由成员国自身特定的因素来驱动。市场的一体化水平越高，以部门为基础的股权投资战略越比以国家为基础的股权投资战

---

①   ECB. FINANCIAL INTEGRATION IN EUROPE ［R］. Frankfurt：European Central Bank，2011.

略所获得的多样化收益大。因此，通过比较跨国和跨部门股权收益离散程度，可以对股权市场一体化的程度进行评估。股权收益离散程度代表多样化投资的机会，离散程度越高从投资多样化战略中获得风险分散的利益就越大①。

　　图6.12展示了1976年1月至2013年10月月度的欧元区跨国和跨部门股票收益离散程度趋势。在图6.12所示的大部分时间里，跨国股权收益离散程度高于跨部门股权收益离散程度。从2001年开始，通过跨部门股权投资战略获得的投资多样化收益与通过跨国股权投资战略获得的投资多样化收益大致相当，这种结果表明资产管理行业逐渐由以国家为基础的股权投资战略转向以部门为基础的股权投资战略。从2009年4月开始，跨国股权投资收益离散程度与跨部门股权收益离散程度开始背离，前者大于后者，并且两者之间的差距在不断扩大，表明股权投资战略越来越表现出母国倾向。

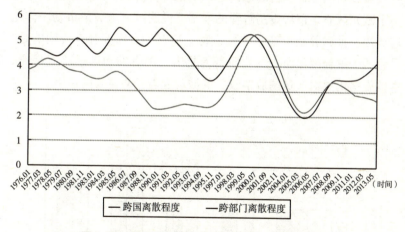

图6.12　欧元区股票收益跨国和跨部门离散程度

资料来源：ECB Database.

---

　　① ECB. FINANCIAL INTEGRATION IN EUROPE［R］. Frankfurt：European Central Bank，2010.

此外，股票收益变动解释因素在股票收益变动中的作用也是一个直接有效的评价股票市场一体化水平的价格指标。假定欧元区国家的股票收益会对本地和国际两种因素做出反应，并用欧元区股票市场的震荡和美国股票市场的震荡近似代替本地因素和国际因素，我们可以计算出股票收益波动由这两类因素进行解释各自所占的比重。在其他条件不变的情况下，如果股票收益的波动越是高度与欧元区整个范围内的变化相关，那么欧元区股票市场一体化程度就越高，成员国股票市场收益越是由共同的新闻驱动。

如图6.13所示，欧元区股票市场震荡对欧元区国家股票收益波动的解释所占的比例大幅升高，在2004～2007年间已经达到了45%左右，之后虽然有所下降，仍然超过40%，表明欧元区内股票市场一体化水平在不断地升高。美国股票市场震荡对欧元区国家股票收益波动的解释所占的比例总体上也呈上升趋势，但上升的幅度小于欧元区股票市场震荡解释的增幅，说明欧元区股票市场一体化进程快于世界股票市场一体化进程。还有一点需要补充说明的是，尽管两个解释变量所占的比重都有提升，两者的和已超过了60%，本地震荡仍然对成员国股票收益的波动起着相对重要的作用。

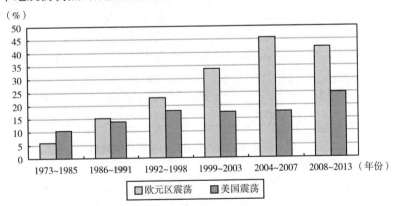

图6.13 欧元区震荡和美国震荡在解释欧元区国家股票收益波动中的占比

资料来源：ECB Database.

6.2.4.2 基于数量指标的分析

在一个完全一体化的市场中，其他条件相同的情况下，相对于国外的股票而言，投资者不应该对本国的股票有偏好。母国偏好的增加会构成跨境投资的壁垒。因此，观察投资者的投资组合中跨国资产的分配比例是一个直接量化股票市场一体化水平的方法。

如图6.14所示，在过去的10多年间，欧元区的投资者不断增加持有的其他欧元区国家发行的股票的比例。即便是在欧洲主权债务危机的不利影响下，这一比例依然持续增加，到2012年时，该比例已接近45%，几乎是2001年的2倍。

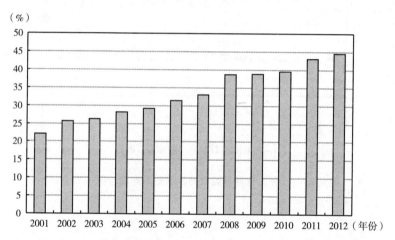

图6.14 欧元区居民跨境持有的其他欧元区国家发行的股票的比重
资料来源：ECB Database.

此外，投资基金持有的欧元区其他国家发行的股票占持有股票总额的比例也可以从另一个角度评价欧元区股票市场一体化的水平。如图6.15所示，欧元区投资基金持有的其他欧元区国家发行的股票的占比持续增加，意味着欧元区股票市场一体化在不断地深化。金融危机爆发之后，这一比例开始下降，但仍高于欧元引入之前的水平；与此同时，投资基金持有的世界其他国家发行的股票的占比持续增加。但这不能理解为欧元区股票市场一体化的倒退，因为，从 2013 年下半年开始，欧元区投资基金持有的其他欧元区国家发行的股票的占比已经恢复增长，持有的世界其他国家发行股票的比例开始下降。金融危机爆发后投资基金增加持有世界其他国家股票的比重的主要原因是其相对较高的增长潜力和更高的风险分散需要。

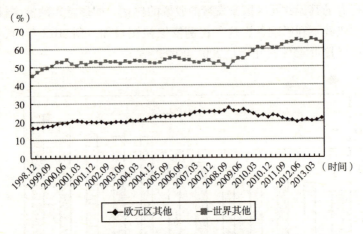

图 6.15 投资基金持有的欧元区其他国家发行股票的比重

资料来源：ECB Database.

6.2.5 银行市场一体化水平和趋势分析

6.2.5.1 基于结构指标的分析

银行的跨境活动是反映银行市场一体化进程的主要指标。通过计算每个欧元区国家来自其他欧元区国家的分行和附属银行的资产占总银行资产的比重，可以对银行的跨境活动进行评估。首先，为每个欧元区国家计算来自其他欧元区国家的分行和附属银行的资产占该国银行总资产的比重；其次，通过第一四分位数、第三四分位数和中位数描述该比重的水平和离散程度（见图 6.16）。来自其他欧元区国家的分行和附属银行的资产占银行总资产的比重越高，银行市场一体化的程度越高。

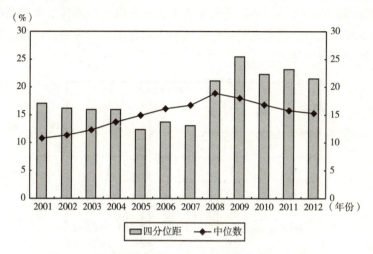

图 6.16　欧元区国家的银行在欧元区其他国家的分行和附属银行的资产占银行总资产份额的分散度

资料来源：ECB Database.

在整个观察区间内，欧元区绝大多数国家分行和附属银行资产占银行总资产比重相对较低。2001～2008 年的这段时间里，代表分行和附属银行资产占银行总资产比重平均水平的中位数稳步提升，说明在这段时间里欧元区银行的跨境活动是不断增加的，欧元区银行市场一体化水平有所提高。自 2008 年开始，受美国金融危机的影响，欧元区银行的跨境活动呈下降的趋势，说明银行一体化水平在下降。另外，受金融危机的影响，分行和附属银行资产占银行总资产比重的离散程度加大，同样表明银行市场的一体化水平有所降低。

此外，欧元区银行的跨国并购活动是进一步反映银行跨境活动的指标。图6.17同时描述了欧元区银行跨国并购交易的数量和金额，其中，虚线代表跨境并购的数量，以右边的数据轴表示；柱体代表跨境并购的金额，以左边的数据轴表示，单位为百万欧元。无论是跨境并购交易的数量还是金额在金融危机之后都有了很大幅度的下降，说明金融危机对银行市场一体化有很大的影响，使其一体化趋势出现了逆转。

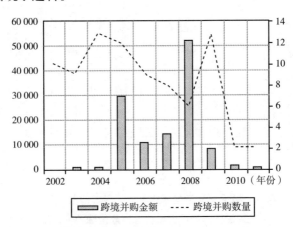

图6.17 欧元区范围内银行跨境并购交易的数量和金额

资料来源：ECB Financial integration in Europe 2012.

6.2.5.2 基于活动指标的分析

在一个一体化的银行市场中，银行的跨境交易应该占有较高的比例。基于这样的假设，可以用银行跨境交易活动对银行市场一体化水平进行评估。反映银行交易活动的指标有很多，本书选取货币金融机构对其他货币金融机构贷款、货币金融机构对非金融机构贷款两个指标对银行市场的一体化水平和趋势进行分析。

如图6.18所示，欧元区货币金融机构向来自其他欧元区的非银行借款者所提供的跨境零售贷款业务所占的比重持续上升，到

2009 年第一个季度达到峰值 5.35%，之后开始下降，这种下降是暂时的，至 2013 年，比例已经趋于平稳，并有回升的迹象。欧元区货币金融机构向来自欧元区外欧盟的非银行借款者所提供的跨境零售贷款业务所占的比重的走势与来自欧元区的走势类似，也是在金融危机之前持续上升，受金融危机影响后开始下降，但自 2012 年开始，比例已经开始恢复增加。从比例走势可以看出，金融危机之前跨境交易的比例是上升的，说明银行零售贷款市场的一体化水平不断提升，但跨境交易所占的比例依然不大，说明总体上银行零售贷款市场的一体化水平不高。

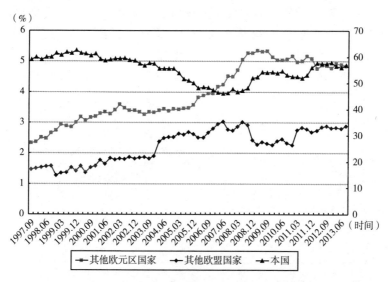

图 6.18 欧元区货币金融机构向非货币金融机构贷款的

交易对象居住地构成

注：其他欧元区国家和其他欧盟国家所占比重参照左边数轴；本国所占比重参照右边数轴。

资料来源：ECB Database.

图 6.19 展示了欧元区货币金融机构向其他货币金融机构所提

供的跨境批发贷款业务所占的比例。来自欧元区的借款者和来自其他非欧元区欧盟国家的借款者所占的比重的走势大体相当，两者均是在受金融危机影响之前持续增长，表明一体化水平不断提升；金融危机的影响开始显现之后，两者均呈下降趋势，代表一体化水平的下降，跨境交易所占的比重已经由最高时的44%左右下降至目前的30%左右。但不能认为一体化水平的降低是长期趋势，因为随着金融危机爆发和欧洲主权债务危机的爆发，其他的欧盟国家尤其是陷入困境的国家的违约风险是加大的，这时金融机构将贷款业务由跨境交易转向国内交易是规避风险的理性行为，相信随着欧盟走出主权债务危机的困境后，银行批发贷款市场的一体化水平会恢复原来的势头。另外，需要补充一点的是，从两个指标的表现看，欧元区银行批发市场的一体化水平明显高于零售市场的一体化水平。

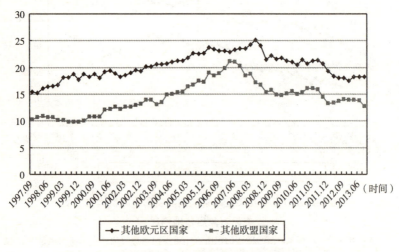

图6.19　欧元区货币金融机构向货币金融机构贷款的
交易对象居住地构成

资料来源：ECB Database.

6.2.5.3 基于价格指标的分析

金融危机对银行市场的一体化进程产生了明显的负面影响，价格指标将这种负面影响非常清晰地展现出来了。图 6.20 报告了欧元区金融机构向非金融企业新增贷款利率的标准差，金融危机显现之前，利率的标准差呈小幅下降趋势，表明市场一体化水平在提升；金融危机影响显现之后，利率的标准差开始增大，利率的离散程度加大，市场的一体化水平降低。随着 2011 年欧洲主权债务危机的深化，利率的离散程度增大的速度加快，这种趋势尤其对短期的小额贷款市场来讲更为明显，在整个危机的阶段该市场的利率的离散程度持续、稳步地上升，表明企业小额贷款市场极为分散，利率的离散度已接近危机前的 3 倍。短期大额贷款市场与小额贷款市场不同，其利率离散度在金融危机之后曾一度稳定在一定的水平，2011 年下半年之后才开始大幅增长。

图 6.20 欧元区货币金融机构向非金融企业贷款利率的跨国标准差

资料来源：ECB Database.

对于家庭零售贷款而言，消费者信贷市场利率的分散程度自
2010 年中期开始持续大幅增加，表明消费者信贷市场的分散程度
加大。住房信贷市场利率的分散度相对稳定，只有小幅的上涨，并
于 2013 年开始下降。说明住房信贷市场一体化受危机的影响小于
消费者信贷市场一体化受危机的影响。具体见图 6.21。

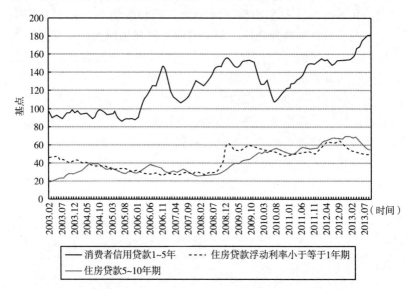

图 6.21 欧元区货币金融机构向家庭贷款利率的跨国标准差

资料来源：ECB Database.

6.2.5.4 基于数量指标的分析

欧元区货币金融机构持有的欧元区其他国家的金融机构和欧盟
非欧元区国家金融机构发行的证券的多少可以反映出欧元区货币金
融机构之间的联系，这种联系越紧密，欧元区银行市场的一体化程
度就越高。

用欧元区货币金融机构跨境持有的欧元区其他国家的金融机构
和欧盟非欧元区国家金融机构发行的证券占所有持有的金融机构发

行的证券的比重代表持有该类证券的多寡。图 6.22 显示，欧元区货币金融机构持有的由其他欧元区国家金融机构发行的证券的份额持续增长，至 2007 年第二个季度达到了峰值 33%，之后受金融危机影响该比例持续走低。金融危机对欧元区货币金融机构跨境持有的非欧元区欧盟国家货币金融机构发行证券的份额影响较小，比例平稳并有小幅度上升，只是受主权债务危机深化影响，从 2011 年第一季度开始才小幅度下降。总之，金融危机影响显现之前，欧元区金融机构之间的联系程度日趋紧密，意味着欧元区银行市场一体化程度的加深。金融危机之后，欧元区货币金融机构之间的联系趋弱，银行的一体化水平下降。

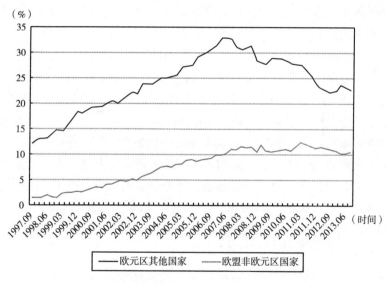

图 6.22　欧元区货币金融机构跨境持有的其他货币金融机构发行证券的份额

资料来源：ECB Database.

6.2.6　分析结论

在前面的分析当中，本书中将金融服务市场分为货币市场、债券市场、股票市场、银行市场四个部门，并根据每类市场的结构、数据的可获得性以及市场其他方面的重要特征，为每一类市场分别选取了基于价格的指标体系和基于数量的指标体系。在此基础上，对四类市场的一体化水平和趋势进行了分析，现将主要的分析结论总结如下。

1. 欧元区货币市场的一体化水平在金融危机爆发之前已经达到了很高的水平，跨境银行间的隔夜拆借利率和跨境银行间短期借款利率的差异已经接近于零。金融危机爆发之后，欧元区货币市场一体化水平大幅下降，欧元区银行间隔夜拆借利率以及短期借款利率标准差的增加以及银行间跨境交易活动比例的下降（无担保短期借贷市场更为明显）就是很好的证明。2011 年，不断强化的欧洲主权债务危机继续对欧元区货币市场一体化产生不利影响，尤其是对跨境银行间隔夜拆借市场和有担保短期借贷市场①的影响更为明显，两类市场利率的标准差均出现了较大幅度的上升。为了防止主权债务危机进一步对货币市场造成更为不利的影响，欧洲中央银行管理委员会（ECB's Governing Council）采取了一系列措施②。在这些措施的综合影响下，从 2012 年下半年开始，欧元区货币市场的

---

①　此时，有担保短期借款的价格不仅取决于担保者的居住地，还取决于交易对方的居住地，来自陷入困境的国家和非陷入困境国家的借款银行或担保者，银行承担的风险是不同的，借款价格自然会有所不同。

②　例如欧洲中央银行管理委员会宣布进一步采取非常规货币政策，并于 2011 年 12 月和 2012 年 2 月采取两个为期 3 年的长期再融资操作计划（Longer-term refi nancing operation）；2012 年 7 月 5 日欧洲中央银行管理委员会宣布调低欧洲央行主要的再融资利率 25 个基点，由 1.00% 调至 0.75%；2012 年 12 月 6 日，管理委员会宣布准备出台直接货币交易计划（Outright Monetary Transactions）等。

状况有所改善，银行间借贷利率的标准差开始下降。尽管货币市场分割的状况有所缓解，但跨境银行间隔夜拆借利率、跨境银行间短期借款利率的标准差仍然处于较高的水平，银行间交易活动仍带有较高的母国倾向，货币市场的一体化水平仍然比金融危机前有很大程度的倒退。

2. 通过价格指标的分析可以看出，欧元启动以来，政府债券市场的一体化已经达到很高的水平，政府债券收益的差异不高于 25 个基点。金融危机对政府债券市场的一体化产生了十分不利的影响，政府债券收益差异不断增加，2009 年以来金融危机的负面影响有所缓解，政府债券收益差异开始变小，但仍然维持在较高的水平上，说明与危机前相比，市场还是很分散的。对于企业债券而言，企业债券市场息差的影响因素中，本国自身的因素只占很小的比例，说明企业债券市场的一体化水平较高，受数据可获得性的限制，金融危机对其一体化的影响如何尚无法做出判断。从跨境持有的其他欧元区国家发行的债券所占的比重看，2006 年之前比重是增加的，表明债券市场的一体化是上升的，2006 年之后比重持续下降，表明金融危机和主权债务危机对债券市场产生了很大的负面影响，一体化水平下降。虽然，2012 年后，比重趋于平稳并略有上升，但与高点相比仍有很大的差距。

3. 从股权收益的离散程度看，从 2001 年开始，跨部门股权收益离散度开始与跨国股权收益离散程度相当，并且前者略高于后者，表明资产管理行业逐渐由以国家为基础的股权投资战略转向以部门为基础的股权投资战略，股票市场一体化程度加深。从 2009 年 4 月开始，两者出现了背离，跨国股权收益离散程度高于跨部门股权收益离散程度，说明股权投资战略越来越体现出母国倾向，市场一体化水平下降。此外，欧元区震荡对股票收益波动的影响所占的比重持续走高，代表股票市场一体化水平的提升，但金融危机爆发之后该比重下降，表明欧元区股票市场的一体化水平受到了负面影响。从跨境持有的其他欧元区股票的比重看，金融危机之前比重是上升的，表明一体化水平的提升，金融危机对其产生了负面影响，但影响相对较小，比重只有小幅下降。

4. 从结构指标、活动指标、价格指标、数量指标的表现均可以看出，在金融危机爆发之前，欧元区银行市场的一体化水平在不断提升。尽管如此，银行零售市场的一体化水平仍然不高，从银行向家庭提供以消费为目的的贷款利率的差异就可以充分体现上述观点。金融危机爆发后，银行市场一体化受到了负面影响，这种负面影响在主权债务危机爆发后继续存在。2012 年银行市场分割的趋势持续发展，直到 2012 年中期，受构建银行联盟和直接货币交易计划的影响，银行市场分割的趋势才开始停止。

第 7 章

欧盟区域内服务市场一体化的
边界效应分析

7.1. 对分析对象国及区域的解释

7.1.1 分析对象国的选择

1951 年 4 月 18 日，意大利、法国、联邦德国、荷兰、比利时、卢森堡在法国的巴黎签署了《欧洲煤钢共同体条约》，开启了欧盟一体化合作的道路。在 60 多年的时间里欧盟经过了 7 次扩大，由最初的 6 个成员国家发展成为现在的 28 个成员国。在这 7 次扩大中，第 5 次是欧盟历史上规模最大的一次扩大。这次扩大发生在 2004 年，一共有 10 个国家（即塞浦路斯、捷克、爱沙尼亚、匈牙利、拉脱维亚、立陶宛、马耳他、波兰、斯洛伐克、斯洛文尼亚）加入了欧盟。本章的分析就以这次扩大中的波兰为对象，分析一体化的边界效应。

之所以选择波兰为对象进行分析主要基于以下三点考虑：

第一，10 个中东欧国家加入欧盟之后，德国成为地理位置上欧盟的中心，波兰与德国接壤，有很长的边界区域，这些边界区域是波兰乃至其他中东欧国家进入西欧市场的重要通道。

第二，《服务指令》是欧盟促进区域内服务市场一体化的重要文件，其主要目标是消除欧盟区域内服务贸易的法律和行政管理壁垒，将欧盟区域内的服务市场建设成一体化的服务统一市场。《服务指令》的提案于2004年发起，2006年正式被采纳，与波兰加入欧盟的时间大致吻合。

第三，《服务指令》被成员国实施之后，处于边界区域的服务贸易壁垒的消除需要一个过程；同样，边界区域服务贸易障碍消除之后，经济对其做出反应和调整也需要过程。波兰加入欧盟已经有10年时间，其经济活动一定程度上可以对边界区域经济环境的变化做出相应的调整。

7.1.2 区域的划分方法

本章对研究对象国区域的划分遵照欧盟对用于统计的领土单位的分类方法，即 NUTS 分类法。2003年5月欧盟采纳了《为用于统计的领土单位建立共同的分类方法的条例》[①]，目的是用于统计的领土单位建立共同的分类标准。该条例于2003年7月正式生效之后几经修订和补充，本书对研究对象国区域的划分采用 NUTS 2010[②] 的分类方法。

依照 NUTS 2010 的分类方法，用于统计的领土单位可以划分为三个层次，由大到小分别为 NUTS1、NUTS2、NUTS3，每个层次都设有门槛。NUTS1 要求人口在300万~700万之间；NUTS2 要求人口在80万~300万之间；NUTS3 要求人口在15万~80万之间（见

---

① 详见 REGULATION（EC）No 1059/2003 OF THE EUROPEAN PARLIAMENT AND OF THE COUNCIL of 26 May 2003 on the establishment of a common classification of territorial units for statistics（NUTS）.

② Commission Regulation（EU）No 31/2011 was adopted in January 2011 and entered into force on 1 January 2012 and is referred to as NUTS 2010.

表 7.1）。如果一个成员国的人口小于最低的门槛，该成员国将作为一个区域计算。

表 7.1 欧盟区域划分的层次门槛

层次	最少人口	最多人口
NUTS 1 区域	3000000	7000000
NUTS 2 区域	800000	3000000
NUTS 3 区域	150000	800000

资料来源：Eurostat regional yearbook 2013.

本章的分析主要以 NUTS 2 区域为基础，因此，将波兰和捷克 NUTS 2 层次区域列于表 7.2 中。为了便于比较分析，将波兰和捷克的 NUTS2 区域进一步划分为三类：与欧盟 15 个老成员国接壤的边界区域、以首都为中心的区域、其他区域。对波兰而言，与欧盟 15 个老成员国接壤的边界区域包括：PL42、PL43、PL51，全部与德国接壤；以首都为中心的区域为 PL12；剩下的为其他区域。对捷克而言，与欧盟 15 个老成员国接壤的边界区域包括 CZ03、CZ04、CZ05、CZ06，其中 CZ03、CZ04、CZ05 与德国接壤，CZ03、CZ06 与奥地利接壤；以首都为中心的区域为 CZ01；剩下的区域归为其他区域。

表 7.2 波兰和捷克的 NUTS 2 层次区域划分

波兰		捷克	
代码	NUTS 2	代码	NUTS 2
PL11	Lódzkie	CZ01	Praha
PL12	Mazowieckie	CZ02	Strední Cechy
PL21	Malopolskie	CZ03	Jihozápad
PL22	Slaskie	CZ04	Severozápad
PL31	Lubelskie	CZ05	Severovýchod

波兰		捷克	
代码	NUTS 2	代码	NUTS 2
PL32	Podkarpackie	CZ06	Jihovýchod
PL33	Swietokrzyskie	CZ07	Strední Morava
PL34	Podlaskie	CZ08	Moravskoslezsko
PL41	Wielkopolskie		
PL42	Zachodniopomorskie		
PL43	Lubuskie		
PL51	Dolnoslaskie		
PL52	Opolskie		
PL61	Kujawsko-Pomorskie		
PL62	Warminsko-Mazurskie		
PL63	Pomorskie		

资料来源：REGULATION（EC）No 1059/2003 on the establishment of a common classification of territorial units for statistics（NUTS）.

7.2 欧盟区域内服务市场一体化对服务业区域定位的影响

7.2.1 贸易自由化对产业区位影响的理论分析

在古典的贸易模型中，技术和要素禀赋被认为是外生变量，这些外生变量在不同的地点之间形成差异，这些差异会导致地区之间形成不同的比较优势，工业区位的选择就取决于由不同的比较优势而形成的地区专业化分工。

新贸易理论和经济地理模型认为，工业区位的选择主要取决于需求和供给之间的联系（Krugman，1995）。

经济一体化影响的模型可以分为两类：第一类模型认为经济一体化使距离成本下降，这会增加地区之间的比较优势，从而引起地区之间的劳动分工。第二类模型则认为经济一体化会引起产业的集聚。如果市场的一体化程度加深，集中生产会产生规模经济。市场的扩大会吸引越来越多的经济活动，换句话说，市场的规模会对工业区位产生累积效应。

集聚是一种复杂的经济现象，既涉及规模报酬递增和交通运输成本，又涉及分散的力量，如拥挤成本等。因此，产业位置的选择是集聚力量和分散力量之间的博弈。如果考虑区域经济一体化，这种博弈会产生多种可能的结果。

区域经济一体化会改变一个国家内企业的参考市场。如果考虑运输成本，贸易自由化会使生产要素向能更好地进入国外市场的区域如边界区域或港口城市转移。但集聚效应更看重生产地点的市场规模和专业化程度，这会影响企业融入经济一体化的进程中。尤其对规模报酬递增幅度大、市场力量强、消费者和供给者能够自由流动、贸易成本低的行业来说，更容易形成集聚。

20 世纪 90 年代以来，中东欧国家通过自由贸易协定逐步减少与欧盟 15 个老成员国的贸易壁垒，随着 2004 年 10 个中东欧国家的正式加入欧盟，中东欧国家与欧盟之间的一体化程度加深。2006 年《服务指令》的实施，使欧盟新老成员国之间一体化程度进一步加深。随着新成员国与欧盟老成员国一体化程度的加深，很多新成员国的经济活动的内向性倾向开始转变为外向性倾向。结果是，国内市场不再显得那么重要，国内原有的经济中心的相对吸引力开始下降。这很有可能导致经济要素由原来的经济中心向更接近欧盟老成员国的地点转移。与欧盟直接接触的边界区域、配有港口和其他基础设施能够与西欧市场直接联系的区域很有可能成为企业选址的新地点。因此，新成员与老成员贸易一体化很有可能导致区域专门化和产业集中模式的变化。

7.2.2 服务市场一体化对服务业区位的影响

本部分将主要分析欧盟区域内服务市场一体化对波兰服务业地点选择的影响。此处的分析将以部门为视角分析欧盟区域内服务市场一体化对波兰服务业区域定位的影响。

为了便于比较分析，将波兰和捷克按照 NUTS2 划分为三类区域：与欧盟老成员国接壤的区域、以首都为中心的区域、其他区域，具体的归类上文有详细的阐述，此处不再累述。服务部门的经济活动用服务部门雇佣的人数进行衡量。按照欧盟经济活动统计分类修订版本 1.1[①] 的分类方法将服务业分为 9 个部门，分别为水电气供应、建筑服务、批发贸易、零售贸易、宾馆和餐饮、交通仓储和通信、房地产服务、计算机及相关服务和其他商务服务。下面以这 9 个服务部门为出发点，分析欧盟区域内服务市场一体化对波兰服务市场区域定位的影响。

首先分析上述这 9 个服务部门在波兰的区域定位。计算方法如下：

$$LS_{ij} = (E_{ij}/\sum_{j}E_{ij})/(\sum_{i}E_{ij}/\sum_{i}\sum_{j}E_{ij})$$ 或

$$= (E_{ij}/\sum_{i}E_{ij})/(\sum_{j}E_{ij}/\sum_{i}\sum_{j}E_{ij})$$

其中，E_{ij} 表示服务部门 j 在区域 i 雇佣的人员数量；$\sum_{j}E_{ij}$ 表示区域 i 所有服务部门雇佣的人员数量总和；$\sum_{i}E_{ij}$ 表示所有区域 j 服务部门雇佣的人员数量总和；$\sum_{i}\sum_{j}E_{ij}$ 表示所有区域、所有服务部门

---

① 详见 Statistical Classification of Economic Activities in the European Community，Rev. 1.1.

雇佣的人员数量总和。

公式中有两种计算方法，计算结果相同，但却有两种不同的解释。第一种计算方法衡量的是区域 i 中服务部门 j 的生产专门化程度（Specialisation）；第二种计算方法衡量的是服务部门 j 在区域 i 中的区域化程度（Localisation）。

无论用上述两种计算方法的哪个计算，服务部门区域定位 LS_{ij} 的值允许在考虑服务部门（或区域）大小的情况下进行跨部门（或跨区域）的比较。$LS_{ij} > 1$ 表示区域 i 中 j 服务部门就业的比重高于以国家整体计算 j 服务部门就业的比重。相反，如果 $LS_{ij} < 1$，则表示区域 i 中 j 服务部门就业的比重小于以国家整体计算 j 服务部门就业的比重。

1. 水电气服务部门的区域生产专门化程度分析。表 7.3 中列出了水电气供应服务部门在波兰 NUTS2 区域的生产专门化程度，表中数据显示，水电气供应服务部门在与捷克相邻的 PL51、PL52、PL22 的边界区域，靠近白俄罗斯和乌克兰的边界区域 PL34、PL31、PL32，与德国接壤的 PL42 边界区域的生产专门化程度较高。中心区域只有 PL11 的生产专门化程度较高。

表 7.3　　　　水电气供应服务部门生产专门化程度

代码	NUTS2 区域	2004 年	2005 年	2006 年	2007 年
PL11	Lódzkie	1. 351841	1. 371317	1. 32195	1. 331688
PL12	Mazowieckie	0. 581953	0. 588387	0. 565887	0. 564629
PL21	Malopolskie	0. 787753	0. 854968	0. 875618	0. 859237
PL22	Slaskie	1. 375732	1. 346094	1. 397541	1. 332733
PL31	Lubelskie	1. 136198	1. 192519	1. 133221	1. 132436
PL32	Podkarpackie	1. 218287	1. 247737	1. 236012	1. 254513
PL33	Swietokrzyskie	1. 215437	1. 186612	1. 331423	1. 332758
PL34	Podlaskie	1. 096256	1. 05915	1. 174757	1. 223752

代码	NUTS2 区域	2004 年	2005 年	2006 年	2007 年
PL41	Wielkopolskie	0.769644	0.709269	0.69668	0.720313
PL42	Zachodniopomorskie	1.249246	1.240983	1.24562	1.297708
PL43	Lubuskie	0.888824	0.960742	0.975768	0.957635
PL51	Dolnoslaskie	1.157267	1.100978	1.09276	1.134282
PL52	Opolskie	1.511228	1.601742	1.531372	1.587983
PL61	Kujawsko-Pomorskie	1.000858	0.995566	1.024072	1.044328
PL62	Warminsko-Mazurskie	1.190888	1.255931	1.233701	1.283819
PL63	Pomorskie	0.946352	0.97995	0.991326	1.006437

资料来源：欧洲统计局数据经计算后获得。

水电气服务部门的区域定位主要受以下三个因素影响：

第一，人口的密集程度。水电气服务部门具有公共服务的性质，其地点应该选择能够接近消费者的区域。PL11 的人口密集度较高，每平方公里的人口达 174，属于在波兰人口密集度较高的地区，因此该地区的水电气供应服务部门的生产专门化程度较高。

第二，能源的供给。水电气的供应需要耗费能源，能源具有稀缺性，并且能源的供给还会发生运输成本，因此，接近能源供给来源的地区是较好的区位选择。俄罗斯具有丰富的能源，因而靠近能源供给源的 PL34、PL31、PL32 区域的专门化程度较高。

第三，科技水平。市场经济中企业要想生存需要不断创新，接近科技水平较高的地区有利于利用技术的外溢效应。PL51、PL52、PL22、PL42 是更接近西欧市场的边界区域，服务自由化后有利于企业接近西欧的技术辐射，因此这些边界区域生产的专门化程度也较高。

2. 建筑服务部门的区域生产专门化程度分析。表 7.4 列出了建筑服务在波兰各区域的专门化程度。表中数据显示与德国接壤的 PL42、PL43 区域建筑服务专门化程度有加深的趋势。其中，

PL42 由 2004 年的 0.97896 增加到 2007 年的 1.062977；PL43 由 2004 年的 0.964264 增至 2007 年 1.039818，说明随着服务市场一体化程度的加深，波兰建筑服务有向接近欧盟中心市场的区域转移的趋势。

表 7.4　　　　　　　　　建筑服务生产专门化程度

代码	NUTS2 区域	2004 年	2005 年	2006 年	2007 年
PL11	Lódzkie	0.940356	0.946408	0.953559	0.937624
PL12	Mazowieckie	0.72819	0.72829	0.73935	0.726203
PL21	Malopolskie	1.048873	1.05532	1.028075	1.038173
PL22	Slaskie	1.180372	1.19548	1.161197	1.138008
PL31	Lubelskie	1.099053	1.067237	1.084772	1.124054
PL32	Podkarpackie	1.072279	1.071035	1.131656	1.114532
PL33	Swietokrzyskie	1.217612	1.16988	1.147155	1.174202
PL34	Podlaskie	1.085939	1.089084	1.057533	1.050479
PL41	Wielkopolskie	1.086396	1.089795	1.08566	1.076606
PL42	Zachodniopomorskie	0.97896	1.017978	1.020209	1.062977
PL43	Lubuskie	0.964264	0.964386	0.994858	1.039818
PL51	Dolnoslaskie	1.033295	0.996149	0.971767	0.977875
PL52	Opolskie	1.119228	1.128519	1.17774	1.221385
PL61	Kujawsko-Pomorskie	1.081791	1.065614	1.071206	1.094103
PL62	Warminsko-Mazurskie	1.05612	1.094213	1.128078	1.170312
PL63	Pomorskie	1.040939	1.067866	1.108493	1.127721

资料来源：欧洲统计局数据经计算后获得。

　　3. 批发贸易的区域生产专门化程度分析。表 7.5 中列出了批发贸易在波兰各区域的专门化程度。数据显示处于中心的区域 PL11、PL41、PL61 的专门化程度较高，尤其是 PL11 和 PL61 还呈现出程度加深的趋势。与德国接壤的 PL42、PL43、PL51 专门化程度不高。

说明批发贸易的区域选择没有明显受到服务市场一体化的影响，区域仍以中心区域为主。

表7.5 　　　　　　　　　　批发贸易生产专门化程度

代码	NUTS2 区域	2004 年	2005 年	2006 年	2007 年
PL11	Lódzkie	1.081862	1.073053	1.130076	1.122522
PL12	Mazowieckie	0.992793	0.985713	0.969424	0.962667
PL21	Malopolskie	0.958587	0.965937	0.93971	0.957829
PL22	Slaskie	1.022439	1.026797	1.019104	1.02892
PL31	Lubelskie	0.911576	0.920686	0.929908	0.901494
PL32	Podkarpackie	1.056515	1.045577	1.072589	1.059312
PL33	Swietokrzyskie	0.930325	0.964773	0.964067	0.968756
PL34	Podlaskie	0.945364	0.992455	1.012197	1.054469
PL41	Wielkopolskie	1.144631	1.126342	1.124483	1.137603
PL42	Zachodniopomorskie	0.824889	0.821245	0.837763	0.838222
PL43	Lubuskie	0.912309	0.931185	0.916143	0.920749
PL51	Dolnoslaskie	0.963574	0.943815	0.935332	0.925066
PL52	Opolskie	0.855778	0.88731	0.917903	0.901801
PL61	Kujawsko-Pomorskie	1.154177	1.152095	1.175919	1.186639
PL62	Warminsko-Mazurskie	0.904541	0.886147	0.914272	0.879927
PL63	Pomorskie	0.991166	1.017191	1.003855	0.999777

资料来源：欧洲统计局数据经计算后获得。

4. 零售贸易的区域生产专门化程度分析。表7.6 中列出了零售贸易在波兰各区域的专门化程度。数据显示，远离西欧市场的PL31、PL32、PL33、PL34、PL61、PL62 及靠近首都的区域 PL12 专门化程度较高。与德国接壤的 PL42、PL43、PL51 的专门化程度不高。零售贸易同样没有明显受到欧盟服务市场一体化的影响，零售贸易仍保持以首都为中心的分布格局。

表7.6 零售贸易生产专门化程度

代码	NUTS2 区域	2004 年	2005 年	2006 年	2007 年
PL11	Lódzkie	1. 044876	1. 047839	1. 025029	1. 018311
PL12	Mazowieckie	0. 838799	0. 85576	0. 859014	0. 897685
PL21	Malopolskie	1. 186861	1. 154822	1. 140588	1. 125458
PL22	Slaskie	0. 903548	0. 884478	0. 883038	0. 870747
PL31	Lubelskie	1. 211138	1. 208954	1. 216769	1. 222364
PL32	Podkarpackie	1. 110752	1. 117561	1. 117505	1. 122393
PL33	Swietokrzyskie	1. 203831	1. 222377	1. 256457	1. 228928
PL34	Podlaskie	1. 133404	1. 125388	1. 116527	1. 102273
PL41	Wielkopolskie	1. 068022	1. 112005	1. 11354	1. 141082
PL42	Zachodniopomorskie	1. 003449	0. 982007	0. 987153	0. 966996
PL43	Lubuskie	1. 110593	1. 104047	1. 108873	1. 052915
PL51	Dolnoslaskie	0. 963526	0. 942775	0. 963844	0. 967927
PL52	Opolskie	1. 082745	1. 087227	1. 054825	1. 022258
PL61	Kujawsko-Pomorskie	1. 035789	1. 051684	1. 047145	1. 019523
PL62	Warminsko-Mazurskie	1. 111256	1. 110605	1. 121548	1. 098919
PL63	Pomorskie	0. 885875	0. 882234	0. 88067	0. 847731

资料来源：欧洲统计局数据经计算后获得。

5. 宾馆和餐饮的区域生产专门化程度分析。表7.7 中列出了宾馆和餐饮在波兰各区域的专门化程度。数据显示，与德国接壤的PL42、PL43 区域的专门化程度很高，并且有明显程度加深的趋势。其中，PL42 由 2004 年的 1.776161 增至 2007 年的 1.881118；PL43 由 2004 年的 1.235741 增至 2007 年的 1.261029。这说明，随着欧盟服务市场一体化程度的加深，处于波兰和德国边界处的服务自由流动的壁垒逐渐消除，德国与波兰之间相互旅游的人数会增多，宾馆和餐饮服务是旅游服务的配套服务，区域位置选择在靠近边界区域的位置将有一定的优势，企业为了获得这种优势，有将经营场所向边界区域转移的倾向。

表7.7　　　　　　　　宾馆和餐饮生产专门化程度

代码	NUTS2 区域	2004 年	2005 年	2006 年	2007 年
PL11	Lódzkie	0.889627	0.895713	0.912932	0.88406
PL12	Mazowieckie	0.689709	0.661725	0.665383	0.647521
PL21	Malopolskie	1.248637	1.29057	1.307616	1.332243
PL22	Slaskie	1.079394	1.087759	1.089042	1.107284
PL31	Lubelskie	0.849069	0.83532	0.84105	0.861796
PL32	Podkarpackie	0.839665	0.863863	0.850309	0.861484
PL33	Swietokrzyskie	0.835442	0.85211	0.909793	0.93934
PL34	Podlaskie	0.857064	0.885434	0.902159	0.916425
PL41	Wielkopolskie	0.877861	0.855973	0.852079	0.839986
PL42	Zachodniopomorskie	1.776161	1.804543	1.860878	1.881118
PL43	Lubuskie	1.235741	1.275592	1.247063	1.261029
PL51	Dolnoslaskie	1.103238	1.094178	1.077218	1.074939
PL52	Opolskie	1.061025	1.059341	1.049889	1.041293
PL61	Kujawsko-Pomorskie	0.853474	0.862258	0.854893	0.894498
PL62	Warminsko-Mazurskie	1.173249	1.191274	1.24683	1.258859
PL63	Pomorskie	1.425877	1.428943	1.339654	1.346076

资料来源：欧洲统计局数据经计算后获得。

6. 交通、仓储和通信服务的区域生产专门化程度分析。表7.8 中列出了交通、仓储和通信服务在波兰各区域的专门化程度。数据显示，与德国接壤的 PL42、PL43 区域服务专门化程度明显提升。两个区域分别从 2004 年的 0.89895 和 0.896538 增至 2007 年的 0.930599 和 0.955282。

新经济地理模型认为，经济一体化使边界区域的贸易壁垒消除，如果考虑运输成本，生产活动将向边界区域集聚，生产向边界区域的集聚会带动为生产活动提供服务的生产性服务业向边界区域转移，以加强产业之间的连锁关系。交通、仓储和通信服务是典型的生产性服务业，随着制造业向波兰和德国边界区域的转移，这种生产性服务业也有随之转移的倾向。

表7.8 交通、仓储和通讯服务生产专门化程度

代码	NUTS2 区域	2004 年	2005 年	2006 年	2007 年
PL11	Lódzkie	0.773176	0.773475	0.786592	0.801788
PL12	Mazowieckie	1.602595	1.590935	1.586472	1.530028
PL21	Malopolskie	0.752276	0.729481	0.751363	0.765558
PL22	Slaskie	0.827054	0.841627	0.858694	0.877076
PL31	Lubelskie	0.987646	0.998536	0.993594	0.98544
PL32	Podkarpackie	0.841875	0.877532	0.808365	0.844771
PL33	Swietokrzyskie	0.82346	0.831377	0.786191	0.803472
PL34	Podlaskie	0.889361	0.898323	0.876161	0.911451
PL41	Wielkopolskie	0.815146	0.810586	0.84795	0.8323
PL42	Zachodniopomorskie	0.89895	0.936046	0.929282	0.930599
PL43	Lubuskie	0.896538	0.885563	0.889479	0.955282
PL51	Dolnoslaskie	0.792782	0.774385	0.763456	0.783156
PL52	Opolskie	0.840544	0.764364	0.746282	0.737661
PL61	Kujawsko-Pomorskie	0.790167	0.805489	0.796232	0.804598
PL62	Warminsko-Mazurskie	0.928598	0.91235	0.846009	0.879595
PL63	Pomorskie	1.010463	1.010921	0.997637	0.976886

资料来源：欧洲统计局数据经计算后获得。

7. 房地产服务的区域生产专门化程度分析。表7.9 中列出了房地产服务在波兰各区域的专门化程度。数据显示，房地产服务在 PL12、PL22、PL42、PL62、PL63 的服务专门化程度较高，这四个地区也是波兰人均收入较高的地区，说明收入是房地产服务业进行

区域选择时的重要参考因素。

表7.9　　　　　　　房地产服务生产专门化程度

代码	NUTS2 区域	2004 年	2005 年	2006 年	2007 年
PL11	Lódzkie	1. 005064	1. 029233	1. 016555	0. 983182
PL12	Mazowieckie	1. 136794	1. 096617	1. 120815	1. 153467
PL21	Malopolskie	0. 813352	0. 861338	1. 018411	0. 868966
PL22	Slaskie	1. 1138	1. 119926	1. 093676	1. 113153
PL31	Lubelskie	0. 986319	1. 015307	0. 9961	1. 018073
PL32	Podkarpackie	0. 79035	0. 870746	0. 793829	0. 799902
PL33	Swietokrzyskie	0. 75234	0. 733093	0. 69953	0. 717951
PL34	Podlaskie	0. 967204	0. 973423	0. 947337	0. 984696
PL41	Wielkopolskie	0. 875917	0. 861896	0. 827737	0. 839133
PL42	Zachodniopomorskie	1. 106978	1. 136288	1. 081048	1. 08605
PL43	Lubuskie	0. 908205	0. 926714	0. 902319	0. 882255
PL51	Dolnoslaskie	0. 994984	0. 971715	0. 941354	0. 936551
PL52	Opolskie	0. 766547	0. 789706	0. 756643	0. 741588
PL61	Kujawsko-Pomorskie	0. 93319	0. 930696	0. 908052	0. 921435
PL62	Warminsko-Mazurskie	1. 055204	1. 081475	1. 072907	1. 076758
PL63	Pomorskie	1. 077388	1. 041177	1. 060366	1. 086909

資料来源：欧洲统计局数据经计算后获得。

8. 计算机及相关服务的区域生产专门化程度分析。表7.10 中列出了计算机及相关服务在波兰各区域的专门化程度。数据显示，在波兰的 PL12、PL21、PL22、PL63 的服务专门化程度较高。原因在于上述这四个地区的科技人员占经济活动人口的比重较高，分别为24.7%、18.3%、18.3%、19.9%①。由此可见，计算机及相关

① 数据来自欧洲统计局的官方数据。

服务在进行区域定位决策时，人力资源使其考虑的非常重要的因素。德国与波兰 PL42、PL43 接壤的区域科技人员占经济活动人口的比重高达 22.3%，尽管波兰 PL42、PL43 的服务专门化程度不高，但呈现出加深的趋势。由于距离《服务指令》实施的时间较短，企业可能无法立即作出相应的调整，相信随着时间的推移，这两个区域的区域专门化程度很有可能会显著地提升。

表 7. 10　　　　　　计算机及相关服务生产专门化程度

代码	NUTS2 区域	2004 年	2005 年	2006 年	2007 年
PL11	Lódzkie	0. 827938	0. 746983	0. 753119	0. 755153
PL12	Mazowieckie	1. 401437	1. 360541	1. 370882	1. 265946
PL21	Malopolskie	1. 017539	1. 065822	1. 154936	1. 337156
PL22	Slaskie	1. 069452	1. 108261	1. 096358	1. 110506
PL31	Lubelskie	0. 492078	0. 569595	0. 543337	0. 599765
PL32	Podkarpackie	0. 634704	0. 63631	0. 614721	0. 686019
PL33	Swietokrzyskie	0. 506424	0. 490551	0. 479417	0. 495848
PL34	Podlaskie	0. 552296	0. 527692	0. 521961	0. 530756
PL41	Wielkopolskie	0. 869268	0. 883387	0. 859684	0. 856749
PL42	Zachodniopomorskie	0. 831269	0. 847997	0. 834184	0. 841823
PL43	Lubuskie	0. 621325	0. 686712	0. 63199	0. 697097
PL51	Dolnoslaskie	1. 103133	1. 069627	1. 043305	1. 035698
PL52	Opolskie	0. 626841	0. 611894	0. 592079	0. 610952
PL61	Kujawsko-Pomorskie	0. 857363	0. 826231	0. 823346	0. 832425
PL62	Warminsko-Mazurskie	0. 531748	0. 538959	0. 49957	0. 505995
PL63	Pomorskie	1. 372342	1. 378475	1. 370231	1. 282903

资料来源：欧洲统计局数据经计算后获得。

9. 其他商务服务的区域生产专门化程度分析。表 7. 11 中列出了其他商务服务在波兰各区域的专门化程度。数据显示，远离西欧市场的 PL11、PL12、PL22 专门化程度较高。与德国接壤的 PL42 和 PL43 的专门化程度逐步降低。原因在于，服务市场一体化将使波兰的其他商务服务直接面对来自德国的竞争，其他商务服务中包括很多像法律咨询、管理咨询等智力密集型的服务，这些服务在发达国家有明显的竞争优势。因此，边界区域对波兰这类服务来讲并不是理想的经营区域。为了远离来自德国的竞争，向中心区域转移是企业不得已的选择。

表 7.11 其他商务服务生产专门化程度

代码	NUTS2 区域	2004 年	2005 年	2006 年	2007 年
PL11	Lódzkie	1.089366	1.084359	1.064053	1.108232
PL12	Mazowieckie	1.031586	1.072376	1.071568	1.089617
PL21	Malopolskie	0.944537	0.946783	0.94718	0.944387
PL22	Slaskie	1.014853	1.006515	1.016302	1.015464
PL31	Lubelskie	0.696246	0.685188	0.681848	0.680944
PL32	Podkarpackie	0.93221	0.854371	0.875856	0.853692
PL33	Swietokrzyskie	0.802574	0.768518	0.737981	0.750514
PL34	Podlaskie	0.929582	0.883406	0.910187	0.858225
PL41	Wielkopolskie	1.00401	0.950905	0.935234	0.895363
PL42	Zachodniopomorskie	0.968468	0.918505	0.894894	0.87965
PL43	Lubuskie	1.047921	1.003445	1.000497	0.993717
PL51	Dolnoslaskie	1.208671	1.33937	1.356065	1.319944
PL52	Opolskie	0.995919	0.998027	1.028627	1.061654
PL61	Kujawsko-Pomorskie	1.015281	0.977519	0.970747	0.950018
PL62	Warminsko-Mazurskie	0.847713	0.818073	0.806722	0.806359
PL63	Pomorskie	0.9878	0.934891	0.941717	0.977499

资料来源：欧洲统计局数据经计算后获得。

第8章

结论与展望

本章主要将前面研究的结论进行归纳和总结，并指出后续研究的方向。

8.1　研究的主要结论

本书首先对区域经济一体化的有关理论进行了梳理；其次，以欧盟推进服务市场一体化的政策为视角，从总体和部门两个方面对欧盟区域内服务市场一体化的进程进行了分析；再次，本书不仅对欧盟区域内服务市场一体化的水平进行了定性分析，而且以欧盟金融服务市场为例，对欧盟区域内服务市场一体化水平进行了定量分析；最后，以经济一体化的理论为依据，对欧盟区域内服务市场一体化的效应进行了分析。现将研究的主要结论总结如下。

1. 欧盟成员国之间签订的条约是欧盟服务市场一体化的基础。欧盟制定的所有推进服务市场一体化的政策都必须以欧盟的条约为依据。《罗马条约》第52条和第59条分别规定了欧盟区域内服务市场一体化应遵循的两条基本原则——企业自由建立的原则和服务跨境自由提供的原则。这两条原则被认为是欧盟区域内服务市场一体化的基石。虽然这两条原则很早就已经被确立，但长期以来并没有得到很好的执行。这种状况于20世纪80年代发生了改变，随着《完成内部市场白皮书》的出台，欧盟正式启动了服务市场一体化进程。之后欧盟陆续出台了多项政策措施用于推进区域内服务市场的一体化，其中最具影响力的当属《服务指令》。《服务指令》于2006年正式采纳，规定各成员国最迟于2009年年底执行指令的政策措施。指令推出了多项政策措施（如单一联系点和行政合作等），用于消除欧盟内部服务市场的壁垒，实现真正的内部服务统一市场。《服务指令》只涵盖60%的服务，其余服务部门一体化政策主要体现在特定服务部门的次级法规中。

2. 通过对《服务指令》涵盖范围之外的服务部门的一体化进程研究发现，这些具体服务部门的一体化政策主要以指令、条例、通讯、建议等形式体现，其中指令和条例是最主要的形式，具有法律性质。以上述形式体现的一体化政策的执行必须与服务市场一体化的基石为基础。

3. 通过对欧盟区域内服务市场的一体化水平的定性分析发现，欧盟绝大多数推进服务市场一体化的政策都起到了效果，各服务部门一体化水平均有了一定程度的提升，但仍然没有达到理应达到的程度，欧盟区域内服务市场一体化依然障碍重重。主要原因在于：成员国对政策执行的有意拖延、相互承认原则导致的各国法律差异依然存在、过度立法而导致的企业行政管理负担加重等。

4. 通过对金融服务一体化水平的定量分析发现，许多金融服务的市场分支的一体化水平在欧元启动以来均有了很大程度的提升，有的市场甚至已接近于完全一体化，但受金融危机和欧洲主权债务危机的影响，各金融服务市场分支一体化水平均有了不同程度的下降，这种金融服务一体化倒退的现象是长期的还是持续的，需要将来作进一步的分析。

5. 通过对欧盟区域内服务市场一体化对服务部门区域定位的影响分析发现，住宿和餐饮以及生产性服务业在欧盟新老成员的边界区域专门化（或区域化）程度较高，这说明，随着边界区域服务贸易壁垒的消除，新老成员的边界区域成为接近欧盟老成员国市场的绝佳地点，新成员服务部门有将经营地点向边界区域转移的倾向。

8.2 后续研究展望

在第 1 章中已经提及，本书中论题的研究有以下两点不足。

1. 对一体化的水平进行定量分析时仅对金融服务进行了分析，其他的服务部门没有涉及，而一个行业的分析不能代表所有的服务部门。为了体现全面性，在后续的研究中，应该为其他的服务部门也设计能够衡量一体化水平的指标体系，对其进行量化分析，以保证分析的系统性。

2. 对欧盟服务市场一体化的效应进行分析，仅选择了波兰为例，分析样本小。此外，受数据可获得性及质量的限制，分析采用有限的指标进行了定量分析，没能通过经济计量模型做更深入的探讨。在后续的研究中，随着统计数据的完善，应该构建模型，对欧盟服务市场一体化对服务部门的空间影响进行更深入的研究。

由于受时间和笔者研究水平的限制，本书研究留下很多重要问题没有解决，希望在后续的学习和研究中能够把这些问题逐一解决。

参 考 文 献

中文文献

［1］白当伟．欧洲金融市场一体化进程中的金融中心研究［J］．国际金融研究，2008，07：59－68．

［2］李计广．欧盟贸易政策体系研究［D］．北京：对外经济贸易大学，2005．

［3］梁双陆，程小军．国际区域经济一体化理论综述［J］．经济问题探索，2007，01：40－46．

［4］刘轶．论欧盟金融服务法的基本原则［D］．武汉：武汉大学，2006．

［5］刘轶．论欧盟金融服务市场一体化中的相互承认原则［J］．湖北社会科学，2006，06：78－80．

［6］卢光盛．东盟经济一体化的绩效评估［J］．世界经济研究，2006，10：24－30．

［7］鲁晓东，杨子晖．区域经济一体化的FDI效应：基于FGLS的估计［J］．世界经济文汇，2009，04：77－90．

［8］全毅，高军行．东亚经济一体化的贸易与投资效应［J］．国际贸易问题，2009，06：64－70．

［9］邵秀燕．区域经济一体化进程中东盟投资效应分析［J］．世界经济与政治论坛，2009，05：43－50．

［10］申皓，杨勇．浅析非洲经济一体化的贸易创造与贸易转

移效应 [J]. 国际贸易问题, 2008, 04: 49-54.

[11] 舒曼. 美国区域经济一体化的贸易效应分析 [J]. 国际商务 (对外经济贸易大学学报), 2011, 06: 60-63.

[12] 王佃凯. 开放、保护与管理——发展中国家参与服务贸易自由化中的政府作用 [J]. 财贸经济, 2005, (09): 88-91.

[13] 王小海. 欧洲一体化进程不同阶段理论评析 [J]. 现代经济探讨, 2007, 06: 35-37+72.

[14] 汪占熬, 陈小倩. 区域经济一体化经济效应研究动态 [J]. 经济纵横, 2012, 10: 110-113.

[15] 王志军. 欧元区金融一体化发展与稳定性安排的困境 [J]. 国际金融研究, 2009, 03: 62-70.

[16] 王志军, 康卫华. 欧盟银行业一体化发展分析 [J]. 南开经济研究, 2005, 02: 89-94.

[17] 肖灿夫, 舒元, 李江涛. 欧洲经济一体化、区域差距与经济趋同 [J]. 国际贸易问题, 2008, 11: 43-49.

[18] 谢康, 陈燕, 黄林军. 美国服务贸易的发展及政策分析 [J]. 国际贸易问题, 2004, (12): 24-28.

[19] 行伟波, 李善同. 本地偏好、边界效应与市场一体化——基于中国地区间增值税流动数据的实证研究 [J]. 经济学 (季刊), 2009, 04: 1455-1474.

[20] 杨勇, 张彬. 南南型区域经济一体化的增长效应——来自非洲的证据及对中国的启示 [J]. 国际贸易问题, 2011, 11: 95-105.

[21] 赵海越. 国际服务贸易自由化对发展中国家的影响及对策 [J]. 国际贸易问题, 2002, (10): 39-42.

[22] 赵永亮, 才国伟. 市场潜力的边界效应与内外部市场一体化 [J]. 经济研究, 2009, 07: 119-130.

[23] 张彬, 杨勇. 欧洲经济一体化的贸易效应对中欧贸易的

影响探析 [J]. 国际贸易问题, 2008, 12: 43 – 52.

[24] 张彬, 朱润东. 经济一体化对不同质国家的经济增长效应分析——对美国与墨西哥的比较研究 [J]. 世界经济研究, 2009, 04: 69 – 74 + 89.

[25] 张娟. 欧盟商品市场一体化的影响因素研究: 基于边界效应的视角 [J]. 国际贸易问题, 2008, 12: 53 – 59.

[26] 郑兴无. 国际航空运输服务贸易的理论、政策与实证研究 [D]. 天津: 南开大学经济学院, 2010.

[27] 周茂荣, 田鑫. 欧盟债券市场的发展与一体化进程——基于结构性 VAR 模型的实证分析 [J]. 世界经济研究, 2009, 02: 74 – 79 + 89.

[28] 朱润东, 张彬. 美国和墨西哥在 CUSTA 和 NAFTA 中的贸易增长效应 [J]. 国际贸易问题, 2009, 08: 45 – 51.

[29] 朱晓军, 张娟, 赵珏. 欧盟商品市场一体化的影响因素分析: 基于边界效应的视角 [J]. 世界经济研究, 2008, 10: 78 – 82 + 86 + 89.

[30] 邹加怡. 国际服务贸易自由化: 发展中国家的得失与选择 [J]. 世界经济, 1988, (10): 45 – 52.

外文文献

[1] Allen, Robert Loring. 1963. Review of The theory of economic integration, by Bela Balassa [J]. Economic Development and Cultural Change, 1963, 11 (4): 449 – 454.

[2] Andersen, B. and Corley, M. The theoretical, Conceptual and Empirical Impact of the Service Economy: A Critical review. United Nations University, World Institute for Development Economic Research. Discussion paper No. 2003/22, March 2003.

[3] Balassa, Bela. The Theory of Economic Integration [M].

Homewood, Illinois: Richard D. Irwin, 1961.

[4] Baldwin, R. E. , Forslid, R. The Core-Periphery Model and Endogenous Growth: Stabilising and DeStabilising Integration [J]. Economia, 2000, Vol. 67: 307 – 324.

[5] Balistreri, E. , Tarr, D. Services Liberalization in Preferential Trade Arrangements-The Case of Kenya, World Bank Policy Research Paper, 2011 No. 5552.

[6] Badinger, H. , F. Breuss, P. Schuster and R. Sellner, "Macroeconomic Effects of the Services Directive", ECSAAustria Publication Series, Vol 6, Springer: Vienna-New York, 2008: 125 – 165.

[7] Berkhout, Joost /Lowery, David. Counting organized interests in the European Union: a comparison of data sources [J]. Journal of European Public Policy, 2008, 15, 4: 489 – 513.

[8] Bouwen, Pieter. Corporate Lobbying in the European Union: The Logic of Access [J]. Journal of European Public Policy, 2002, 9, 3: 365 – 390.

[9] Bouwen, Pieter. Exchanging Access Goods for Access: A Comparative Study of Business Lobbying in the European Union Institutions [J]. European Journal of Political Research, 2004, 43, 3: 337 – 369.

[10] Bruijn de, R. , Kox. H, and Lejour A. The trade induced effects of the Services Directive and the country of origin principle, CPB (Centraal Planbureau-Netherlands Bureau for Economic Policy Analysis), The Hague, February 2006, Document No. 108.

[11] Brülhart M. , Crozet M. and Koenig P. Enlargement and the EU periphery: The impact of changing market potential [J]. The World Economy, 2004, 27: 853 – 875.

[12] Chamberlin E. The theory of monopolistic competition [M].

Cambridge: Harvard University Press, 1933.

[13] Chen, Z. and Schembri, L. Measuring the Barriers to Trade in Services: Literature and Methodologies. Trade policy research, Minister of Public Works and Government Services Canada, 2002.

[14] Coen, D. "Business Interests and European Integration", in Balme, R. , Chabanet, D. and Wright, V. (eds): L'action collective enEurope [M]. Paris: De Sciences Po Press, 2002: 255 – 292.

[15] Collignon, Stephan, Schwarzer, Daniela. "Unternehmen und Banken auf dem Weg zur W"ahrungsunion: Die 'Association for the Monetary Union of Europe' als Motor eines transnationalen Konsenses", in Interessenpolitik in Europa, (Eds.) Eising, Rainer, Kohler-Koch, Beate, 2005: 203 – 226, Nomos, Baden-Baden.

[16] Combes P. , Mayer T. and Thisse J. Economic Geography [M]. New Jersey, Princeton University Press, 2008.

[17] Commission of the European Communities. Mid-term review of the European Commission's 2001 Transport White Paper [R]. Brussels: Commission of the European Communities, 2006.

[18] Commission of the European Communities. Communication and action plan with a view to establishing a European maritime transport space without barriers. Brussels: Commission of the European Communities, 2009.

[19] Commission of the European Communities. European Financial Integration Report [R]. Brussels: Commission of the European Communities, 2007 – 2009.

[20] Copenhagen Economics. Economic Assessment of the Barriers to the Internal Market for Services Final Report [R]. Copenhagen: Copenhagen Economics, January 2005.

[21] Corneliu Stirbu. Financial Market Integration in a Wider European Union. HWWA DISCUSSION PAPER, 2004, NO. 297: 3 – 34.

[22] Cowles, Maria Green. 1997, "Organizing Industrial Coalitions: A Challenge for the Future?", in Participation and Policy-Making in the European Union, (Eds.) Wallace, Helen, Young, Alasdair R. [M]. Oxford: Clarendon Press, 1997: 116 – 140.

[23] Crozet M. and Koenig P. EU enlargement and the internal geography of countries [J]. Journal of Comparative Economics 2004, 32: 265 – 279.

[24] Damijan J. and Kostevc C. Trade liberalisation and economic geography in CEE countries: The role of FDI in the adjustment pattern of regional wages [J]. Post-Communist Economies 2011, 23: 163 – 189.

[25] David and Phil. Integration of European Banking and Financial Markets. EIFC Working Paper. 1999, NO. 02 – 14: 7 – 47.

[26] De Fouloy, C. D. The professional lobbyist's desk reference, Gateway, Brussels, 2001.

[27] Dee, P. A compendium of barriers to trade in services [R]. AustralianNational University, 2005.

[28] Dee, P. and Hanslow, K. Multilateral liberalization of services trade, in Stem, R. (ed), Services in the International Economy [M]. Ann Arbor: University of Michigan Press, 2001: 117 – 39.

[29] Dee, P. , K Hanslow and T. Phamduc. "Measuring the cost of barriers to trade in services", in Ito, T. and A. Krueger (eds), Impediments to Trade in Services: Measurement and Policy Implications [M]. London: Routledge, 2003: 267 – 86.

[30] Dee, P. , Sidorenko. A. "The Rise of Services Trade: Regional Initiatives and Challenges for the WTO", in C. Findlay and H.

Soesastro (eds.), Reshaping the Asia-Pacic Economic Order [M]. London: Routledge, 2006.

[31] Des McKibbin. Developments in European Transport Policy. Northern Ireland Assembly Research and Information Service Briefing Paper. 5 January 2012: 1 - 8.

[32] Dihel, N. and Shepherd, B. Modal Estimates of Services Barriers. OECD Trade Policy Working Papers 51, OECD Trade Directorate, 2007.

[33] Dixit A. and Stiglitz J. Monopolistic competition and Optimum product diversity [J]. American Economic Review, 1977, 67: 297 - 308.

[34] Doove, S. O. Gabbitas, D. Nguyen-Hong and J. Owen. Price Effect of Regulation: International Air Passenger Transport, Telecommunications and Electricity Supply. Staff Research Paper, Productivity Commission, Commonwealth of Austrilia, 2001.

[35] Dür, Andreas/de Bièvre, Dirk. Inclusion without influence? NGOs in European Trade Policy [J]. Journal of Public Policy, 2007, 27, 1: 79 - 101.

[36] ECB. FINANCIAL INTEGRATION IN EUROPE [R]. Frankfurt: European Central Bank, 2010.

[37] ECB. FINANCIAL INTEGRATION IN EUROPE [R]. Frankfurt: European Central Bank, 2011.

[38] EC Economic and Financial Committee. Report by the Economic and Financial Committee (EFC) on EU financial integration [R]. Brussels: European Commission, Directorate-General for Economics and Financial Affairs, 2002.

[39] Elizondo, P. L. ; Krugman, P. Trade Policy and Third World Metropolis [J]. Journal of Development Economics, 1996, Vol.

49: 137 – 150.

[40] European Commission. European Rail: Challenges Ahead MEMO. Brussels: Commission of the European Communities, 2013.

[41] European Commission. The impact of economic and monetary union on cohesion. Regional Policy, Study 35, 2000.

[42] EUROPEAN COMMISSION. European Financial Stability And Integration Report. [R]. Brussels: EUROPEAN COMMISSION, 2010 – 2012.

[43] European Commission. White paper 2011: Roadmap to a Single European Transport Area-Towards a competitive and resource efficient transport system [R]. Brussels: Commission of the European Communities, 2011.

[44] European Union. Consolidated Versions of The Treaty On European Union and of The Treaty Establishing The European Community. Official Journal of the European Union, 2006, C 321 E: 1 – 180.

[45] Findlay, C. and T. Warren (eds). Impediments to Trade in Services: Measurement and Policy Implications [R]. London And New York: Routledge, London, 2000: 201 – 14.

[46] Forslid R., Haaland J., and Midelfart-Knarvik K. A U-shaped Europe? A simulation study of industrial location [J]. Journal of International Economics, 2002a, 57: 273 – 297.

[47] Forslid R., Haaland J., Midelfart-Knarvik K. and Maestad O. Integration and transition: Scenarios for location of production and trade in Europe [J]. Economics of Transition, 2002b, 10: 93 – 117.

[48] Fontagné, L. and Mitaritonna, C. Assessing Barriers to Trade in the Distribution and Telecom Sectors in Emerging Countries [R]. CEPII research center, 2009.

[49] Francois, J. Explaining the Pattern of Trade in Producer

Services [J]. International Economic Journal, 1993, 7 (3): 23 – 31.

[50] Francois, J. Pindyuk, O. , and Woerz, J. Trends in International Trade and FDI in Services: a global dataset of services trade [R]. Technical Report Discussion paper, Institute for International and Development Economics, 2009 – 08 – 02.

[51] Francois, J. van Meijl, H. , and van Tongeren, F. Trade liberalization in the Doha Development Round [J]. Economic Policy, 2005, 20 (42): 349 – 391.

[52] Francois, J. F. , B. McDonald and H. Nordstrom. "Assessing the Uruguay Round", in Martin, W. LA. Winters (eds), The Uruguay Roundand the developing economies. Discussion Paper 307, World Bank, Washington DC, 1995: 117 – 214.

[53] Francois, j. and B. Hoekman. Market access in the service sectors. Tinbergen Institute, Manuscript, 1999.

[54] Francois, J. F. , I. Wooten. "Imperfect competition and trade liberalization under the GATS", in Stem, R. (ed), Service in the International Economy [M]. Ann Arbor: University of Michigan Press, 2001: 141 – 56.

[55] Francois, J. , Hoekman, B. Services Trade and Policy [J]. Journal of Economic Literature, 2010, 48 (3): 642 – 692.

[56] Fujita M. and Krugman P. The New Economic Geography: Past, present and the future [J]. Papers Regional Science, 2004, 83: 139 – 164.

[57] Fujita et. al. The Spatial Economy: Cities, Regions, and International Trade [M]. Cambridge, Massachusetts: The MIT Press, 1999.

[58] Greenwood, J. "The professions", in: Greenwood, J.

and Aspinwall, M. (eds), Collective Action in the European Union: Interests and the new politics of associability [M]. London: Routledge, 1998: 127 – 148.

[59] Greenwood, Justin. Interest Representation in the European Union [M]. Second Edition, Basingstoke: Palgrave Macmillan, 2007.

[60] Gootiiz, B. and Mattoo, A. Services in Doha. What's on the table? World bank Policy Research Paper, 4903, 2009.

[61] Guéguen, D. Governance and the Role of Associations in Economic Management: A Response from an EU Public Affairs Practitioner, in: Greenwood, J. (ed.). The Effectiveness of EU Business Associations [M]. Basingstoke: Palgrave, 2002: 47.

[62] Guo, R. Border-Regional Economics [M]. California: Physica-Verlag, 1996.

[63] Haas, Ernst B. The Uniting of Europe: Political, Social and Economic Forces 1950 – 1957 [M]. Notre Dame: University of Notre Dame Press, 1958.

[64] Haas, Ernst B. The obsolescence of regional integration theory. Institute of International Studies, University of California, Berkeley, 1975.

[65] Hansen. Border Regions: A Critique of Spatial Theory and a European Case Study [J]. Annals of Regional Science, 1977, Vol. 11: 1 – 14.

[66] Hanson, G. H. Integration and the location of activities-Economic integration, intraindustry trade, and frontier regions [J]. European Economic Review, 1996, Vol. 40: 941 – 949.

[67] Helfferich B, Kolb F. Multilevel action coordination in European contentious politics: the case of the European Women's Lobby [J]. Contentious Europeans: protest and politics in an emerging polity,

2001: 143 – 161.

[68] Hoekman, B. Assessing the General Agreement on Trade in Services. In The Uruguay Round and the Developing Countries [M]. New York: Cambridge University Press, 1996.

[69] Hover, E. M. The Location of Economic Activity, 1st edition [M]. NEW YORK: McGRAW-HILL, 1948: 15 – 27.

[70] Hoekman, B. Assessing The General Agreement on Trade in Service. World Bank Discussion Paper 307, World Bank, Washington, DC, 1995.

[71] Hoekman, B. "Assessing the General Agreement on Trade in Services", in W. Martin and L. A. Winters (eds.), The Uruguay Round and the Developing Countries [M]. Cambridge: Cambridge University Press, 1996: 88 – 124.

[72] Hoekman, B. And C. Primo Braga. Protection and Trade in Services: A Survey [J]. Open Economics Review, 1997, 8 (3): 285 – 308.

[73] Hoffmann, Stanley. Obstinate or Obsolete? The Fate of the Nation-State and the Case of Western Europe [J]. Daedalus, 1966, 95 (3): 862 – 915.

[74] I. D. Grenwood and C. R. Bennett. The Effects of Traffic Congestion on Fuel Consumption [J]. Road and Transport Research, 1996, Vol. 5, No. 2: 18 – 31.

[75] Johnson, Harry G. A note on welfare-increasing trade diversion [J]. The Canadian Journal of Economics, 1975, 8 (1): 117 – 123.

[76] Kahnert, F, P. Richards, E. Stoutjesdijk, and P. Thomopoulos. Economic integration among developing countries [R]. Paris: Development Center of the Organization for Economic Co-operation and

Development (OECD), 1969.

[77] Kalirajan, K. Restrictions on Trade in Distributive Services. Productivity Commission Staff Research Paper, AusInfo, Canberra, August 2000.

[78] Kalirjan, K. , McGuire, G. , Nguyen-Hong, D. , Schuele, M. "The Price Impact of Restrictions on Banking Services", in C. Findlay and T. Warren (eds.), Impediments to Trade in Services: Measurement and Policy Implications [M]. London: Routledge, 2000.

[79] Kancs D. Does economic integration affect the structure of industries? Empirical evidence from the CEE. LICOS Discussion Paper No. 195, 2007.

[80] Karel Lannoo. EU Retail Financial Market Integration: Mirage or Reality? [J]. ECRI POLICY BRIEF, JUNE 2008, NO. 3: 2 –13.

[81] Kimura, F. and Lee, H. – H. The Gravity Equation in International Trade in Services [J]. Review of World Economics, 2006, 142 (1): 92 –121.

[82] Klaus Regling and Max Watson. Financial Markets in the Euro Area: Realising the Full Benefits of Integration [J]. Cyprus Economic Policy Review, 2008, Vol. 2, No. 1: 11 –24.

[83] Kleimeir, S. and Sander, H. "European Financial Market Integration: Evidence on the Emergence of a single Eurozone Retail Banking Market", Paper presented at ECB-CFS Conference on Capital Markets and Financial Integration in Europe, 2002 [C]. Frankfurt: April 2002.

[84] Konan, D. , Van Assche, A. Regulation, market structure and service trade liberalization [J]. Economic Modelling, 2007, 24: 895 –923.

[85] Kox. H. , Lejour A. and R. Montizaan. The free movement of services within the EU. CPB (Centraal Planbureau-Netherlands Bureau for Economic Policy Analysis), The Hague, Document No 69, October, 2004 (revised September 2005).

[86] Kox, H. , Lejour, A. The Effects of the Services Directive on Intra-EU Trade and FDI [J]. Revue Economique, 2006, 57 (4): 747 – 69.

[87] Kox, H. L. and Nordas, H. K. Services trade and domestic regulation. MPRA Paper 2116, University Library of Munich, Germany, 2007.

[88] Krugman P. Increasing returns and economic geography [J]. Journal of Political Economy, 1991a: 99: 483 – 499.

[89] Krugman P. 1991b. Geography and Trade [M]. Published jointly by Leuven University press and the MIT Press, 1991b.

[90] Krugman P. and Venables A. Globalization and the inequality of nations [J]. The Quarterly Journal of Economics, 1995, 110: 857 – 880.

[91] Lancaster K. Variety, equity and efficiency [M]. New York: Columbia University Press, 1979.

[92] Langhammer, R. The EU Offer of Service Trade Liberalization in the Doha Round: Evidence of a Not-Yet-Perfect Customs Union [J]. Journal of Common Market Studies, 2005, 43 (2): 311 – 325.

[93] Lejour, A. , Rojas-Romagosa, H. , Verweij, G. Opening services markets within Europe: Modelling foreign establishments in a CGE framework [J]. Economic Modelling, 2008, 25 (5): 1022 – 1039.

[94] Lieven Baele, Annalisa Ferrando. Measuring Financial Integration in the Euro Area. ECB Occasional Paper Series, No. 14,

April 2004.

[95] Lindberg, Leon N. The Political Dynamics of European Economic Integration [M]. Stanford: Stanford University Press, 1963.

[96] Lipsey, R. G. The theory of customs unions: Trade diversion and welfare [J]. Economica, 1957, New Series 24 (February): 40 – 46.

[97] Lipsey, R. G. The theory of customs unions: A general survey [J]. The Economic Journal, 1960, 70 (279): 496 – 513.

[98] Machlup, Frtiz. A history of thought on economic integration [M]. NewYork: Columbia University Press, 1977.

[99] Mahoney, Christine. Lobbying Success in the United States and the European Union [J]. Journal of Public Policy, 2007, 27, 1: 35 – 56.

[100] Mahoney, Christine. Brussels versus the beltway: Advocacy in the United States and the European Union [M]. Washington, D. C.: Georgetown University Press, 2008.

[101] Marco Ponti, Andrea Boitani, Francesco Ramella. The European transport policy: Its main issues [J]. Case Studies on Transport Policy (2013) 53 – 62.

[102] Martin, P. , Ottaviano, G. M. Growing Locations: Industry location in a model of endogenous growth [J]. European Economic Review, 1999, Vol. 43: 281 – 302.

[103] Marques H. The skilled u-shaped Europe: Is it really and on which side does it stand? [J]. Applied Economics, 2005, 37: 2205 – 2220.

[104] Marques H. Trade and factor flows in a diverse EU: What lessons for the Eastern enlargement (s)? [J]. Journal of Economic Surveys, 2008, 22, 364 – 408.

[105] Mattoo, A., Rathindran, R., and Subramanian, A. Measuring services trade liberalizationand its impact on economic growth: an illustration. Policy Research Working Paper Series 2655, The World Bank, 2001.

[106] Mcguire, G. and M. Schuele. "Restrictiveness of international trade in banking service" in Warren, T. (2000a), "The identification of impediments to trade and investment in telecommunication services", in Findlay, C. and T. Warren (eds), Impediments to Trade in Services: Measurement and Policy Implications [M]. London And New York: Routledge, 2000: 71 – 84.

[107] Mcguire, G., M. Schuele, and T. Smith. "Restrictiveness of international trade in maritime service" in Findlay, C. and T. Warren (eds), Impediments to Trade in Services: Measurement and Policy Implications [M]. London And New York: Routledge, 2000: 172 – 88.

[108] Meade, J. E. The theory of customs unions [M]. Amsterdam: North Holland, 1955.

[109] Midelfart-Knarvik K. and Overman H. Delocation and European integration: Is structural spending justified? [J]. Economic Policy, 2002, 35: 323 – 359.

[110] Midelfart-Knarvik K., Overman H., Redding S. and Venables A. The location of European industry. European Commission Economic Paper No. 142, 2000.

[111] Monastiriotis V. Regional growth dynamics in Central and Eastern Europe. LSE ' Europe in Question ' Discussion Paper No. 33, 2011.

[112] Moravcsik, Andrew. The choice for Europe: Social purpose and state power from Messina to Maastricht [M]. Ithaca, NY: Cornell

University Press, 1998.

[113] Mirza, D. and Nicoletti, G. What's so Special about Trade in Services? Research Paper, Leverhulme Centre for Research on Globalisation and Economic Policy, 2004, 02.

[114] Nguyen-Hong, D. Restrictions on Trade in Professional Services. Productivity Commission Staff Research Paper, AusInfo, Canberra, August 2000.

[115] OECD. Economic Surveys of the euro area 2002 [R]. OECD, 2002.

[116] OECD. Economic Surveys of the euro area 2009 [R]. OECD, 2009.

[117] OECD (2009), "Methodology for Deriving the STRI". OECD: Paris. Downloadable at http://www.oecd.org/trade/stri.

[118] Ohlin. Interregional and International Trade, 3rd edition [M]. Massachusetts: Harvard University Press, 1967.

[119] Paolo Beria and Emile Quinet and Gines de Rus and Carola Schulz. A comparison of rail liberalisation levels across four European countries. Munich Personal RePEc Archive, 2010: 1 –25.

[120] Paul Krugman. Geography and Trade [M]. Leuven: Leuven University Press, 1991.

[121] Paul Krugman. Increasing Returns and Economic Geography [J]. Journal of Political Economy, 1991, Vol. 99, No. 3: 483 – 499.

[122] Persson, Thomas. Democratizing European Chemicals Policy: Do Consultations favour civil society participation? [J]. Journal of Civil Society, 2007, 3, 3: 223 –238.

[123] Petrakos G. and Economou D. , 2002. The spatial aspects of development in Southeastern Europe [J]. Spatium, 2002, 8:

1 – 13.

[124] Pollack, Mark A. Representing diffuse interests in EC policy-making [J]. Journal of European Public Policy, 1997, 4, 4: 572 – 590.

[125] Pomfret, Richard. The economics of regional trading arrangements [M]. Oxford: Clarendon Press, 1997.

[126] Rauch, J. E. Comparative Advantage, Geographic Advantage and the Volume of Trade [J]. The Economic Journal, 1991, Vol. 101: 1230 – 1244.

[127] Raymond F. Mikesell. The Lessons of Benelux and the European Coal and Steel Community for the European Economic Community [J]. The American Economic Review, Vol. 48, No. 2, Papers and Proceedings of the Seventieth Annual Meeting of the American Economic Association (May 1958): 428 – 441.

[128] Richard T. Griffiths, "Europe's first constitution: the European Political Community, 1952 – 1954" in Stephen Martin, ed. The Construction of Europe: Essays in Honour of Emile Noël 19 (1994).

[129] Salera, Virgil. Review of The customs union issue, by Jacob Viner [J]. The Journal of Political Economy, 1951, 59 (1): p. 84.

[130] Samuelson P. and Nordhaus W. Economia. XVII Edition, original title: Economics [M]. McGraw-Hill, 2001.

[131] Samuelson P. Spatial price equilibrium and linear programming [J]. American Economic Review, 1952, 42: 283 – 303.

[132] Sandholtz, Wayne, Zysman, John. 1992: Recasting the European Bargain [J]. World Politics, 1989, 42 (1): 95 – 128.

[133] Schneider, Gerald/Baltz, Konstantin. The Power of Specialization: How Interest Groups Influence EU Legislation [J]. Rivista

di Politica Economica, 2003, 93, 1 – 2: 253 – 283.

[134] Schüler, Martin, Heinemann, Friedrich. How integrated are the European retail financial markets? A cointegration analysis. Research notes working paper series, 2002, No. 3b: 31 – 56.

[135] Scotchmer S. and Thisse J. Space and competition: A puzzle [J]. The Annals of Regional Science, 1992, 26: 269 – 286.

[136] Spence M. Product selection, fixed costs, and monopolistic competition [J]. Review of Economic Studies, 1976, 43: 217 – 235.

[137] Steer Davies Gleave. Evaluation of the Common Transport Policy (CTP) of the EU from 2000 to 2008 and analysis of the evolution and structure of the European transport sector in the context of the long-term development of the CTP [R]. August 2009.

[138] Stern, R. M. Quantifying Barriers to Trade in Services. Working Papers 470, Research Seminar in International Economics, University of Michigan, 2000.

[139] Steluta Cristina Grigore Common Transport Policy: The Never Ending Journey [J]. Acta Universitatis Danubius, 2011, No. 3: 152 – 161.

[140] The Council. Council Regulation (EEC) No 2407/92 of 23 July 1992 on licensing of air carriers [J]. Official Journal of the European Communities, 1992, L240: 1 – 7.

[141] The Council. Council Regulation (EEC) No 2408/92 of 23 July 1992 on access for Community air carriers to intra-Community air routes [J]. Official Journal of the European Communities, 1992, L240: 8 – 13.

[142] The Council. Council Regulation (EEC) No 2409/92 of 23 July 1992 on fares and rates for air services [J]. Official Journal of

the European Communities, 1992, L240: 15 – 17.

[143] The European Parliament and the Council. Regulation (EC) No 1008/2008 of the European Parliament and of the Council of 24 September 2008 on common rules for the operation of air services in the Community [J]. Official Journal of the European Union, 2008, L 293: 3 – 16.

[144] Traistaru I., Nijkamp P. and Resmini L., (eds). The emerging economic geography in EU accession countries [M]. Aldershot: Ashgate Publishing Limited, 2003.

[145] Trewin, R. "a price-impact measure of impediments to trade in telecommunications service", in Findlay, C. and T. Warren (eds), Impediments to Trade in Services: Measurement and Policy Implications [M]. New York: Routledge, 2000.

[146] Tullio Jappelli and Marco Pagano. Financial Market Integration under EMU [R]. Brussels: European Commission, Directorate-General for Economics and Financial Affairs, 2008.

[147] Verikios. G. and X. Zhang. Global gains from liberalizing trade in telecommunications and financial services productivity. Commission Staff Research Paper, AusInfo, Canberra, 2000.

[148] Viner. The Customs Union Issue [M]. New York: Anderson Kramer Associates, 1950.

[149] Warleigh, Alex. The hustle: citizenship practice, NGOs and 'policy coalitions' in the European Union-the cases of Auto Oil, drinking water and unit pricing [J] Journal of European Public Policy, 2000, 7, 2: 229 – 243.

[150] Warren T. The impact on output of impediments to trade and in telecommunication services, in Findlay, C. and T. Warren (eds), Impediments to Trade in Services: Measurement and Policy Im-

plications, Routledge [M]. London And New York: Routledge, 2000: 85 – 100.

[151] Young, A. and Wallace, H. Regulatory Politics in the Enlarging European Union: Weighing Civic and Producer Interests [M]. Manchester: Manchester University Press, 2000.

后　　记

　　区域经济一体化组织几乎覆盖所有的国家和地区。区域经济合作已经成为世界各国非常重要的实现经济发展的路径。中国是世界上最大的发展中国家，开展区域经济合作是实现经济发展的重要途径。目前，中国与其他国家的区域经济合作水平相对较低，主要集中于货物贸易领域。如何拓展服务领域的区域合作，释放服务经济的促进经济增长和扩大就业的潜力，是中国亟待解决的课题。因此，本书选择欧盟区域内服务市场一体化为论题进行研究，希望可以为中国拓展服务领域的合作提供参考和借鉴。

　　经过两年多时间的艰苦写作，本书稿终于完成，此时感慨万千。700多个日日夜夜仍然历历在目，在别人已经进入梦乡的时候，自己仍然在挑灯夜战，在写作过程中无数次遇到过挫折，无数次想过要放弃，但还是坚持了下来，完成了书稿的撰写，现在更多的是放松的心情和收获的喜悦。

　　除了自己的坚持和努力之外，本书的完成和顺利出版离不开各方的大力帮助。

　　首先，本书的完成和顺利出版得到了国际贸易重点学科2013中央财政专项资助项目的大力资助，在此表示由衷的谢意。

　　其次，本书的撰写得到了吉林大学东北亚研究院朱显平教授和吉林财经大学国际经济贸易学院王云凤院长、教授的精心指导，在此表示深深的谢意。

　　再次，本书的完成离不开家人的理解和支持，对他们的无私付出表示感谢。

　　最后，对所有我没有提及的对本书的撰写和出版提供帮助的同事、同学和朋友们表达谢意。

作者

2015 年 11 月